포스 메이킹

FORCE MAKING

멋지고 당당한 여성으로 새로운 인생을 여는 법

포스 메이킹

신은영 지음

쌤앤파커스

자신에게 도달하는 인사이트 기술,
포스 메이킹

나는 직업상 약간 그럴듯해 보일 필요가 있었다. 사회적 체면과 지위, 인간관계 등이 좀 근사하게 보였으면 하는 욕심을 부리게 했다. 어느 정도 성취를 하고 경제적 자유가 생기면 이런 문제는 자연스럽게 해결되리라 생각했지만, 전혀 그렇지 않았다.

인간관계가 넓어지면 넓어질수록, 해야 할 역할이 늘어날수록 점점 더 나답게 표현하는 일은 어려워졌다. 처음엔 차림새를 잘 꾸미는 것으로 버텼지만 곧 한계가 왔다. 근사하고 멋진 사람은 가방이나 신발을 더 비싼 것으로 바꾼다고 해서 되는 것이 아니었다.

나는 후배나 동료, 친구들이 욕하지 않고 닮고 싶은 사람이었으면 좋겠다. 롤 모델로, 말이 통하는 사업 파트너로, 언제 봐도 참 괜찮은 사람으로 나를 표현하고 싶었다. 근사하고 닮고 싶고 사랑스러워 가까이하고 싶은 사람은 자신만의 향기, 컬러, 분위기를 갖고 있어야 한다. 멋지고 당당한 자신만의 포스가 있는 사람! 그런데 대체 그 포스는 어떻게 보여줄 수 있는 걸까?

나는 지난 10년간 내 안에 숨겨진 것들을 밖으로 꺼내기 위해 다양한 프로그램과 공부에 도전했다. 생각을 다듬고 세공해 나가는 과정은 쉽지 않았지만 내게는 삶에 대한 애정이 충만했고, 더 좋은 사람이 되고 싶은 열정이 가득했다. 나를 직시해서 내 본모습을 보고 싶었다. 강점과 매력이 무엇인지 알고 활용해서 증폭시켜 나가고 싶었다. 인생을 다 살아버린 어른이라기에는 앞으로 남은 시간이 더 많았기에!

근사한 포스를 지닌다는 것은 아우라나 카리스마처럼 권위적인 방식이 아닌, 한 사람의 고유한 본성을 드러내는 데에서 시작된다. 마치 흑연과 다이아몬드에 비유할 수 있다. 툭하면 부러지는 연필심과 지구상에서 가장 단단한 광물인 다이아몬드는 탄소라는 같은 성분이지만 극과 극의 전혀 다른 성질을 지닌다.

　　다이아몬드는 탄소 1개가 4개의 다른 탄소를 붙잡아 자기 옆으로 그물처럼 단단하게 엮어 놓는다. 그 어떤 것으로도 흠집을 낼 수 없는 광물로 탄생한다. 반면 연필심 재료가 되는 흑연은 탄소 1개가 3개의 다른 탄소를 옆으로 잡고, 1개는 위로 뻗어 층층이 겹을 이루도록 구조를 짠다. 층층이 이뤄진 구조 때문에 부서지기 쉽지만, 누구나 쉽게 접근하고 유용하게 사용하는 물질이 된다.

　　둘은 쓰임새와 생김새, 사용법이 전혀 다르다. 우리 인간도 마찬가지이다. 같은 인간의 모습으로 태어나지만 저마다 고유한 본성은 다 다르게 발현된다. 이를 통찰하고 보완해 인생의 새로운 챕터를 펼치는 것이 포스 메이킹의 핵심이다.

　　포스 메이킹은 자기 자신을 통찰하는 인사이트 기술의 집합체이다. 내적 외적 모든 감각을 통합해 자신이 현재 처한 상황을 인식하고 한발 더 나아가도록 만들어 주기 때문이다. 통찰에 근거한 자신감 있는 행동은 세상에 대해 유연하게 대처하고, 인식의 오류를 최소화해 더 나은 삶으로 나아가는 강력한 무기가 된다.

나는 비록 연필심으로 태어났다 하더라도 다이아몬드처럼 단단하게 살고자 늘 새롭게 결심한다. 질문도 잘 못하고, 따지지도 못하고, 양해를 구하는 일도 버거워하는 나였지만 그런 나를 똑바로 직시하고 나니 더 이상 두려운 것이 없었다. 이 책은 내 안에 숨어 있던 포스를 끄집어내고 확신을 가지면서 터득한 자존감 회복 솔루션이다. 독자 여러분들도 나와 다르지 않다고 믿었기에 책을 쓰는 용기를 낼 수 있었다.

부디 자신이 손잡고 있는 4개의 탄소를 찾는 자기 탐색의 기회가 되길 바란다. 흑연이든 다이아몬드이든 우리는 모두 자신만의 고유한 빛을 지닌 원석임을 명심하면 그 누구에게도 상처받지 않는 단단한 사람으로 거듭날 것이다. 이 책으로 '이제 뭘 더 할 수 있겠어.'라는 생각이 '이제 뭐라도 해봐야지.'로 바뀌길 바란다.

2022년 12월, 신은영

나는 종합 1위 작가가 되기 전, 항상 좋은 책이란 무엇인지에 대해 고민했다. 작가의 성취가 명확하다면 읽고, 성취가 없다면 덮는다. 간단한 원칙이다. 신은영 대표는 자신의 업무에서 최상위 레벨을 달성했으며, 가정에서도 동반자이자 조력자로 완벽한 결승선을 향해 뛰고 있다. 그녀가 이룬 '포스 메이커'의 진정한 의미가 무엇인지 정확하다. 이 책을 읽지 않을 이유가 없다.

_자청 라이프해커, 이상한마케팅 대표이사,《역행자》저자

신은영은 10여 년, 각고의 노력으로 자기의 내면에 숨어 있던 '포스'를 끄집어내, 3040 여성들의 워너비 '포스 메이커'가 되었다. 참으로 놀랍다. 평범한 여성에서 성공한 포스 메이커가 된 마력의 기술이 실린 책이 세상에 나온 것에 축하와 박수를 아낌없이 보낸다. 이 책을 읽는 분들이 그녀와 함께 용기와 자신감을 얻고, 새로운 도전 기회를 마련하길 바란다.

_홍성태 브랜딩 전문가,《모든 비즈니스는 브랜딩이다》《그로잉 업》저자

질문이 많은 사람이 잘 산다. 세상이 정한 답을 떼로 좇는 사회에서는 더욱 그렇다. 스스로 질문하고, 또 세상에 물음표를 던지는 사람이 남들에게 이야기할 만한 '성공 스토리'를 만든다. 인기 세바시 강연은 모두 그런 사람들에게서 나왔다. 신은영 또한 질문이 많은 사람이다. 그리고 몸소 공부하고 도전하고 경험한 것을 통해서 자신만의 스토리와 답을 만들었다. 그 보석 같은 내용이 이 책에 모두 담겨 있다. 그녀처럼 '나만의 질문' 던지기와 '나만의 답' 찾기를 직접 해보는 것이, 좋은 강연 수백 편을 듣는 것보다 훨씬 더 낫다.

_**구범준** 세바시_세상을 바꾸는 시간 15분 대표PD

이 글은 솔직하다. 솔직한 글은 울림이 있다. 저자가 부족했던 내면까지 보여주면서 취약성을 공유하고 앞으로 나아가는 힘을 갖도록 하는 글이다. 그녀만의 포스이다. 그것이야말로 진정한 리더십이고 부드러운 강함이 아닐까. 모르는 걸 질문하는 것, 자기 취향대로 선택하는 것, 인사하는 것, 거절하는 것, 좋은 관계를 맺는 것에 이르기까지 살아가는 모든 장면 아래에는 우리 모습이 있다. 화학을 전공한 사람답게 세밀하게 관찰했고, 미묘한 혼합이 어떤 결과를 가져오는지를 잘 묘사해서 재미있는 책을 만들었다. 소양인이건 가을형이건 자기다운 사람이 되는 법, 자신을 사랑하는 방법, 주도적인 사람이 되는 법을 배우게 될 것이다. 공감되는 스토리로 자기성장과 타인의 성장을 촉발시키는 매력적인 책이다.

_**고현숙** 국민대 교수, 코칭경영원 대표 코치

멋을 내고 싶은데 멋을 잘 못내는 사람, 자기를 잘 모르는 사람들이 이 책을 통해 자신을 알고 사랑하게 되면 좋겠습니다. '포스 메이킹'이란 겉으로 보이는 모습뿐만 아니라 내면에 숨어 있는 멋을 찾는 일입니다. 자신의 강점과 약점을 찾아 더욱 행복한 날들을 맞이하기 바랍니다.

_류종형 사상체질심리학 이론 창시자

신은영은 내가 아는 40대 여성 가운데 가장 진취적이고 아름다우며 스피디한 성장 기록을 가진 여성이다. 돋보이는 균형 감각으로 일과 가정, 지역과 이웃에 누구보다 도움이 되는 키맨으로 활약한 그녀의 책이 세상에 나온 것에 축하와 박수를 아낌없이 보낸다. 이 책을 읽는 분들이 그녀와 함께 자신감을 얻고, 새로운 도전의 기회를 마련하여 포스 있는 여성으로 거듭나길 바란다.

_우미령 LUSH 대표

신은영이 오토바이를 운전한다고? 밤새 살사를 춘다고? 파티를 열어 사람들에게 자유를 선물했다고? 와, 그녀는 알을 깨고 세상 밖으로 나왔다. 그리고 어딘가에 갇혀 있을 또 다른 은영의 독립을 위해 이 책을 썼다. 40대 그녀의 두 번째 사춘기, 함께 세상을 여행한 친구로 응원하지 않을 수 없다.

_윤소정 트루스 브랜드그룹 대표

오랜 시간을 함께하면서 지켜본 신은영 대표는 기버GIVER로서의 삶을 실천하고 있는 사람입니다. 만나는 사람마다 다 눈여겨보고 그 고유한 색채를 알아차리고 그를 토대로 상대방에게 감동을 주는 데서 본인의 행복을 찾는 사람입니다. 그녀가 알려주는 포스 메이킹을 따라가다 보면 여러분도 자신만의 포스를 발견하여 한층 더 성장한 삶을 살아갈 수 있으리라 믿습니다.

_**김주하** 마음이 담긴 말센스연구소 대표, 《부자의 말센스》 저자

신은영 대표는 에너지를 운반하는 도로 같은 사람입니다. 주변에서 지인들이 도전을 할 때 조금이라도 머뭇거리면, 환한 웃음으로 에너지를 북돋아 줍니다. 습관대로 익숙하게 살려는 게으름에 활력소를 불어넣는 사람입니다. 이 책은 신은영 대표의 평소 에너지 사용법과 생각이 잘 드러나 있습니다. 여러 독자들께서도 느껴보길 바랍니다.

_**김진향** 리치케이 대표, 《브랜드로 산다는 것》 저자

이제 더 이상 끌려가는 삶이 아니라 주도하는 삶을 살아가고 싶다면 이 책은 단언컨대 최고의 실천형 교습서에 가깝다. 그것을 지키고 살리기를 넘어 키우고 성장시키며 주체적인 삶을 살아가는 방법을 본인의 실제 경험과 풍부한 지식, 통찰에 비추어 세세하고 친절하게 가르쳐 주고 있다. 승리하는 삶에 목마른 모두에게 감히 필승의 병법서로 추천하고 싶다.

_**박종윤** e커머스 전문 컨설턴트, 《내 운명은 고객이 결정한다》 저자

내 내면에 아직도 꺼지지 않고 희미하게 타오르는 열정이 있을까 돌아보게 만드는 사람의 책이 나왔다. 누구보다 화려할 것 같지만 누구보다 외롭고, 누구보다 씩씩한 것 같지만 두려움이 많은 이 사람도 이만큼 해내는데, 용기가 생긴다. 그 용기 여러분도 함께 가져보길 바란다.

_**오종철** 온리원 소통테이너

조화롭다는 것은 자신과 파동이 같은 것을 받아들인다는 뜻이다. 자기에서 출발해서 우리로 귀결되는 여러 가지 문제들을 조화롭게 이해하고 받아들일 수 있게 안내하는 책이다. 괴로움에 빠지지 말고 재미있게 살자.

_**이랑주** 비주얼전략가, 《위닝컬러》 저자

사람을 이해하는 방식이 흥미롭다. 모두가 하나의 별이고 보석이고 우주라는 저자의 말에 귀 기울여 자신의 내면에 집중하다 보면 어떤 문제도 풀어 나갈 수 있다는 자신감이 생길 것이다. 그것이 스스로 개척해 나가는 운명일 수도 있다.

_**타로마스터정회도** 《운의 알고리즘》 저자

남자친구나 남편이 자신의 연인과 아내에게 선물해 줄 만한 책이다. 과거에서 벗어나 자신의 과제가 무엇인지 깨달을 수 있는 여러 가지 이야기가 들어 있다. 지금 하고 있는 일이 어떤 의미가 있는지, 또 더 나아가기 위해 무엇을 해야 할지 생각할 시간을 선물하는 책이다. 자신의 과거를 기꺼이 재료로 펼쳐낸 그녀의 용기에 박수를 보낸다. 이 박수가 독자들에게도 돌아갈 성공적인 프로젝트가 될 수 있기를 기대한다.

_**이나금** 직부연아카데미 대표

유독 밝고 신선한 기운을 뿜어내는 사람이 있다. 그 기운은 주위 사람들까지 설레게 하고 어린아이처럼 웃게 만든다. 바로 이 책의 저자, 신은영 대표이다. 10년간 곁에서 그녀를 지켜보며 무서울 만큼 빠른 속도로 자신을 개혁해 나가는 모습에 놀라움을 금치 못했고, 그 힘의 원천이 궁금했다. 이 책 속에 그 모든 비밀이 담겨 있다! 당신만의 매력과 포스를 찾고 싶은가? 그녀가 실천했던 진수를 풀어낸 이 책은 더 행복하고 당당하게 가슴 뛰는 매일을 맞이하고자 하는 모든 여성에게 필독서가 아닐 수 없다.

_조성희 마인드파워스쿨 대표,《더플러스》《기적의 마인드파워 다이어트》 저자

소심하고 평범하고 아직도 좌충우돌하는 어른 같지 않은 어른들에게 '바로 이 모습이 너의 진짜'라고 슬쩍 말을 건네는 책이다. 습관적으로 무의미한 하루하루를 보내는 이들에게 다시 도전해 보라고, 아직은 인생의 2라운드 가 시작도 되지 않았다고, 기회가 충분히 있다고 말해준다. 지금 새롭게 도 전하고 있는 그녀의 인생 2라운드도 진심으로 응원한다.

_박재현 브랜드인사이터 대표

글은 곧 그 사람이다. 원고를 읽으면서 그녀가 어떤 사람인지 알 수 있었 다. 자신을 객관적으로 보는 능력이 있다. 사람 심리를 꿰뚫어 볼 줄 안다. 자신의 틀을 벗어나고 싶어 한다. 퀀텀 리프를 원하는 사람이다. 일신우일 신 하면서 자신의 영역을 넓히고 싶고 자기 발전에 관심이 많은 사람이다. 지금의 삶이 답답하고 뭔가 변화를 원하는 여성에게 일독을 권한다.

_한근태 한스컨설팅 대표

차례

2장 숨어 있는 포스 찾아내는 법 ━━━━━━━━ ◆

3장 자기 포스 연출법 ◆

4장 사람 사이에서 빛나는 포스 만들기 ──────── ◆

1장

포스 메이킹이
필요한 사람들

자신이 어떻게 살아왔는지 느껴야 한다. 금세 싫증 내고, 정리정돈도 잘 못하고, 잘 따지지도 못하는 나에게는 분명 이유가 있다. 포스는 누가 만들어 주는 게 아니라 자기 자신을 인정하면 자연스럽게 우러나오는 것, 지금부터 숨겨져 있던 내 모습을 끄집어내는 포스 메이킹 속으로 들어가 보자.

삶은 풀어야 할 숙제가 아니라
생기를 불어넣어야 할 비밀이다.

– 토머스 머튼 –

질문이 두려운 사람

질문은 결과를 도출하는 과정일 뿐
완벽한 질문은 어디에도 없다

나는 화학을 참 좋아했다. 원소들이 모여 분자가 되고 그 분자들이 모여 보이지 않는 반응을 일으켜 모든 현상이 일어난다는 게 신기했다. 반면 물리는 어렵기만 하고 천재들이 하는 학문이라는 막연한 선입견이 있었다.

화학 전공으로 대학교에 입학하고 나서 처음 듣는 물리학은 더욱 다른 차원의 세계였다. 단어 하나하나가 다 외국어처럼 생경했다. 양자역학을 들을 때는 대충 알아듣는 시늉만 하고 있었다. '퀀텀 리프Quantum Leap or Quantum Jump'라는 단어가 계속 언급되는데 대체 그게 뭔지 알 수가 있어야지. 나는 그 단어를 태어나 처음 들었다. 같은 신입생 처지인데 다른 학생들은 마치 예전부터 공부해 온 듯 집중하고 있었다.

'어떻게 다들 알아듣는 거지?'

강의실에서 모르는 사람은 나밖에 없다는 기분이 들자 마치 작은 점처럼 점점 쪼그라드는 것 같았다. 지금은 스마트폰이 있으니 얼른 검색해 볼 수 있지만 당시에는 알아낼 방법이 따로 없었다. 모두 강의에 몰입하고 있는데 난 그 네 글자에 가로막혀 뇌가 정지된 느낌이었다.

퀀텀 리프를 설명해 달라고 손을 들 용기가 있었다면 얼마나 좋았을까. 분위기에 압도당해 그것이 뭐냐고 물으면 안 될 것 같아서 엄두를 못 냈다.

수업을 못 따라간다는 생각 때문에 쪼그라든 나는 행여 교수와 눈이 마주칠까 봐 책만 뚫어져라 쳐다보며 퀀텀 리프를 찾고 있었다.

'왜 책에 없지? 대학생도 예습하나? 아님 진짜 다 천재들인가? 난 운이 좋았을 뿐이구나.'

이런저런 자책을 하는 자신이 내가 봐도 참 못나 보였다. 옆자리 친구한테라도 살짝 물어봤으면 수업 두 시간이 그렇게 괴롭지만은 않았을 텐데.

돌이켜보면 나는 어릴 때부터 수업시간에 질문을 거의 하지 못했던 것 같다. 궁금한 것이 생기거나 이해를 못한 것이 있으면, 수업에 방해가 안 되게 몰래 책을 뒤적거려 찾아내거나 선생님이 알려줄 때까지 기다렸다. 수업 흐름을 끊어놓을까 봐 질문 같은 건 해본 적이 없다.

반면에 배시시 웃으면서 정말 어이없는 질문을 잘하는 친구들도 있었다. 선생님이 좀 전에 알려준 것도 마치 처음 듣는 소리인 양 당당히 '알려주세요!' 했다. 그 친구들의 거리낌 없는 의사 표현이 부러웠다. 난 항상 눈치를 보며 '이런 질문을 해도 되는지' 생각하느라 질문할 타이밍을 놓치곤 했다. 그 습관은 성인이 되어서까지 이어졌다.

이렇게 궁금한 것을 해결하지 못한 탓에 위축되어 학교생활이 즐겁지가 않았고 내가 있을 곳이 아닌 듯 했다. 실제로 대학에서는 제대로 공부를 해본 적이 없다. 학점은 과 꼴찌였을 게 분명하다. 그저 졸업한 것에 감사할 따름이다.

이유가 뭘까. 왜 나는 질문 하나도 속 시원하게 못하는 사람일까. 그러던 어느 날 친구들이 질문하는 모습을 무심코 지켜보다가 속으로 부정적으로 대꾸하고 있는 나를 발견했다.

저걸 질문이라고 하나.

아까 선생님이 얘기해 주셨는데.

그건 책에 나오는 건데 좀 찾아보지.

관련 없는 이런 질문을 해도 되나.

이런 생각이 0.1초도 안 되어 쏟아졌다. 질문이 적절한지 평가하고 필요성을 판단하고 있었다. 다른 사람의 행동을 순식간에 판단하고 부정적으로 들여다보는 습관을 갖고 있었다. 문제는 내가 질문할 때도 마찬가지로 생각한다는 데 있었다. 다른 사람들 역시 나의 질문을 평가하고 판단할 거라는 생각을 무의식적으로 하고 있었던 건 아닐까.

다양성을 무시한 채 정답을 찾는 주입식 교육, 성과 위주 사회 분위기, 완벽을 추구하는 개인 기질. 이 세 가지가 어우러져 나도 모르게 갖게 된 태도였다.

거기에 생각이 미치니 무엇을 하면 될지 답이 나왔다. 최선, 최고, 완벽, 정답이 아니면 가치 없는 것으로 치부하는 사고를 바꿀 것. 그렇지 않은 것들은 최악, 최하, 오답으로 보는 이분법적 사고를 멈추면 될 거 같았다.

타인의 질문을 존중해야 한다. 어떤 타이밍에 질문하든, 어떤 내용을 묻든, 질문하는 태도가 내 스타일이든 아니든 상관하지 않아야 한다. 내가 먼저 그들을 평가하지 않으면 그들도 나를 평가하지 않는다.

이렇게 생각을 바꾸니 질문할 때 나의 부족한 모습, 부족한 질문, 부족한 말과 행동이 받아들여지기 시작했다. 좀 바보 같아 보여도 질문할 수 있는 용기가 생겼다. 그동안 질문하면 모자라는 사람으로 보일 거라는 오판 때문에 더 많은 성장의 기회를 날려버린 건지도 모른다.

소심해서 이런 일이 벌어진 것은 아니다. 누군가에게 물어보길 망설이는 사람의 내면에는 '완벽'이라는 단어가 자리잡고 있다. 자기 기준에 완벽하게 부합하지 않으면 쉽게 움직이질 않는다. 질문은 곧 자기 평가라고 생각하기 때문이다.

완벽이라는 관점으로 이 세상을 바라보기 때문에 행동이나 말에 앞서 상황을 먼저 파악하려고 한다. 상황 파악이 제대로 되지 않으면 섣부른 행동이나 말을 자제하고 계속 예의주시한다. 완벽해지는 동안 계속 고치고 참아내는 성격이어서 항상 실수할까 봐 두려움을 갖고 대비한다. 어떤 행동이나 질문을 했을 때 돌아오는 피드백에 대한 두려움이 있는 것이다.

본인에게만 그런 것이 아니다. 주변 사람들을 늘 관찰한다. 사람들의 행동이나 질문을 지켜보면서 속으로는 '핵심도 없고, 이득도 없고, 포인트도 없는 저런 걸 왜 하지?'라는 의문을 품는다. 겉으로 티를 안 낼 뿐 질문의 타당성을 판단하고 있다.

이런 점을 긍정적으로 잘 발전시키면 깊은 분석과 철학적 사고가 가능하지만, 반면 움츠러들기 시작하면 자꾸만 방어하려는 자세를 취하게 된다. 자신이 타인을 평가하듯이 자신도 타인에게 평가 받고 있다는 생각을 떨치지 못하기 때문이다.

물어보는 걸 두려워하지 않아도 된다. 사람들은 다 각자 자신의 기준을 갖고 살아간다. 나는 내 기준만 조금 완화시키면 된다.

자기 자신을 엄격하게 규제하던 생각과 태도를 조금 편하게 풀어주면 지금까지 차마 못하던 일들을 할 수 있다.

모르면 물어보고 했어야지!

진행하던 일이 어떤 난관에 봉착하면 상사나 팀원들이 당사자에게 제일 먼저 하는 말이다. 취업도 재수 삼수 하는 시대이다 보니 신입사원이 되면 이 회사에 뼈를 묻어야지 싶을 정도로 각오가 대단하지만 점점 사기가 꺾이게 된다.

잘하고 싶어서, 이런 것까지 물어보면 얕볼까 싶어서 나름대로 혼자 열심히 한다. 열심히 했다고 결과가 좋으면 얼마나 좋겠는가. 의도치 않게 실수와 사고가 잦아지고 그게 반복되고 한 달 두 달 지나면 스스로 정말 일을 너무 못하는 사람이라는 자괴감마저 든다. 그때는 그냥 물어봐야 한다. 신입 때, 후배일 때가 아니면 언제 물어보겠는가. 나중에 팀원을 두는 팀장이 되면 그때는 물어볼 데도 없다.

상사도 마찬가지이다. 후배에게 물어보는 걸 부끄러워하지 않아도 된다. '이런 것까지 물어본다고 날 무시하지 않을까.'라는 생각을 버려야 한다. 질문은 좋은 결과를 위해 필요한 하나의 과정일 뿐이다. 신입도 경력도 자신을 어떻게 평가할지 모른다는 두려움 때문에 서로 질문하기 꺼려한다면 그게 바로 소통을 가로막는 칸막이가 된다.

물어보면 간단히 해결될 일을 혼자 답을 찾느라 유난히 다른 사람보다 더딘 편이라면 다음 단계에서 소모될 에너지를 생각하자. 한두 스텝 더 내다보고 고민해야 하지 않을까? 매우 사소해서 고민거리도 안 될 만한 일을 며칠 동안 시간 낭비하는 일로 만들 수도 있다.

지나가다가 마음에 드는 물건을 발견하면 "실례지만 이것 어디서 사셨어요?" 하고 물어도 된다. 낯선 사람이 다가와서 내가 메고 있는 가방을 어디서 샀냐고 물어보면 "그걸 왜 물어보세요?"라고 대답할 사람은 많지 않다. 대부분은 자기 안목을 인정받은 것 같아 친절하게 알려준다. 길을 잘 모르면 인터넷 지도만 믿지 말고 물어라. 한 시간 넘게 헤매던 곳을 10분 만에 찾을 수도 있다.

궁금하고 의심 들면 주저하지 말고 물어보자. 처음 하는 일은 다 어렵다. 딱 한 번 해보는 것, 그 시도를 하면 된다. 해보고 상대방의 반응을 겪고 나서 또 해보면 된다. 그러면 두 번째는 좀 쉽고 여유가 생긴다.

혼자는 미움 받은
증거가 아니다

첫아이를 가진 8개월 때였다. 시장 앞을 지나다 호떡집 앞에서 걸음이 멈췄다. 기름에 노릇노릇 지진 밀반죽 사이로 슬쩍 배어나오는 흑설탕 소. 말 그대로 꿀조합의 호떡을 보는 순간 침이 고이면서 홀린 듯 호떡집 앞에 서버렸다. 어릴 때부터 제일 좋아하던 간식인데 임신까지 했으니 얼마나 먹고 싶었겠는가.

그런데 나는 혼자 호떡 하나를 사 먹을 용기가 없었다. 옆에 누가 있다면 모를까 사람들이 지나다니는 길거리에서 혼자 간식을 우적우적 씹는 행동은 왠지 하면 안 될 것 같았다.

식욕이 그 부끄러움을 이기고 호떡에 손을 뻗게 한 걸까. 누가 보든 말든 허겁지겁 호떡 하나를 받아들고 먹기 시작했다. 배가 불룩 나온 임신부가 먹는데 이상하게 볼 사람은 없겠지 싶어서 잠시 서서 호떡을 맛나게 먹었다.

그러면서도 행여 누가 볼까 한 입 먹을 때마다 주변을 힐끗거렸다. 호떡 파는 분만 내가 급히 먹다가 뜨거운 설탕물에 혀를 데일까 봐 안쓰럽게 쳐다보실 뿐 행인들은 내가 거기 있는 줄도 모르고 지나쳐 갔다. 혼자 뭘 하는 게 유독 두려웠던 나는 그날 난생처음 길거리에서 혼자 주전부리를 해치웠다.

'뭐지? 왠지 모를 이 뿌듯함은?'

호떡 하나에 생호들갑이라고 하겠지만 그동안 타인의 시선에 갇혀 살아온 나를 깨부순 순간이었다. 아직도 강렬하게 한 장의 이미지로 내 뇌에 각인되어 있다. 불편하지만 신선하고, 낯설지만 늘 상상했던 장면이었다.

내친 김에 '혼자 영화보기'까지 도전해서 책 한 권을 사들고 덩그러니 영화관에 앉아 있던 기억이 난다. 무슨 영화였는지는 아예 기억이 나지 않는 것을 보면 빨리 끝나기를 기다리기만 했나 싶다. 40대, 인생의 절정을 맞고 있는 어른이 아직다 자라지 못한 마음속 어린아이를 마주하는 중이었다. 나는

'혼자'를 시도했고 사실 그건 아무것도 아니라는 확인을 했다.

그거면 충분하다. 못 하는 게 아니라 그다지 유쾌하지 않아서 혼자 있는 시간을 많이 만들지 않았다는 걸 알게 되었으니까. 난 사람 속에서 사랑을 나누고, 웃음을 나눌 때가 유독 행복한 사람이라는 것을 확인했고 혼자 뭐든 해도 문제가 생기지 않는다는 것을 알게 되었다. 뿐만 아니라 혼자만의 시간도 가끔 필요하다는 걸 동시에 깨달았다.

나처럼 '혼자 하기'를 싫어하는 사람들은 의외로 많다. 유독 여성들은 혼자라는 사실을 두려워한다. 화장실 갈 때도 손잡고 가는 문화를 어릴 때부터 경험해서일까? 성인이 되어서도 선뜻 혼자 식당에 들어가지 못한다. 차라리 편의점 삼각김밥을 사먹고 만다. 간단히 해결하자는 뜻도 있고, 식당에서 혼자 한 테이블 다 차지하고 앉는 걸 부담스럽게 여기는 탓이기도 하다. 가족과 학교, 직장이라는 집단생활을 경험하면서 '혼자'는 곧 왕따, 혹은 누군가한테 미움 받은 결과라고 받아들이는 게 아닐까? 꼰대라고 불리는 기성세대들은 유독 독자적으로 행동하는 것에 경직된 태도를 보인다.

50대에서 20대 쪽으로 연령이 내려갈수록 혼자 하는 일들은 더욱 자연스러워진다. 50대 여성 혼자 식당에 들어가는 경우는 드물지만, 20대 여성은 여러 명 식사하는 게 더 드물다. 선진국일수록 개인이 더욱 존중받는 사회 분위기임을 감안하면 우리나라도 선진국에 가까워지고 있어서 독자적인 행동을 스스로 자연스럽게 받아들이는 게 아닐까 하는 생각이 든다.

한 가지 덧붙이고 싶은 건 아이들에게 "너 왜 혼자 있어? 친구는?" 이런 질문은 안 하면 좋겠다. 어릴 때 많이 받아본 질문이다. 이런 질문은 마치 꼭 누군가와 함께 있어야 할 것 같은 압박감을 준다.

대뜸 '너 왜 혼자야?'라는 질문을 받으면 그 아이 머릿속에는 혼자 있으면 안 된다는 생각이 자기도 모르게 자리 잡게 된다. 어릴 때부터 '혼자 있으면 안 되는구나.' 하고 생각하기 시작하면 나중에는 혼자 남게 되면 '미움 받았구나.'로 발전하기 쉽다. 진짜 미움 받아서 그런 게 아닌데도 말이다.

혼자 있으면 왠지 친구가 없는 거 같고, 사회생활을 잘 못한 사람으로 비춰질까 봐 두려워할 필요는 없다. 오히려 혼자일 때 생각이 깊어지고 올바른 판단을 내릴 수 있다. 여럿이 어울려 다닐 때에는 하지 못하던 자기만의 생각을 발전시킬 수 있다. 우리는 끊임없이 혼자인 연습을 해야 한다.

호떡 한 장 먹기가 그렇게 망설여졌던 나는 이제 나를 행복하게 해주는 맛있는 음식을 언제든 혼자 먹으러 갈 수 있는 자유로운 사람이 되었다. 알 수 없는 이 자유는 처음의 시도가 없었으면 어림도 없는 일이었다.

어떤 것이 움직이지 않는 한 아무 일도 일어나지 않는다.

아인슈타인이 한 말이다. 공기도 움직이면 태풍이 되고, 태풍이 뿌린 비는 물이 되어 에너지로 전환될 수 있다. 자기에게 무슨 일이든 해야 한다. 그것도 지속적으로. 계속하면 익숙해지고, 나중에 별것 아닌 쉬운 일들이 된다.

인사가 세상에서
제일 어렵다

엘리베이터는 편리한 만큼 불편한 점도 하나 있다. 누군가와 같이 탈 때의 숨 막히는 어색함이다. 인사를 하고 나면 더 할 말이 없어서 어색하고, 인사를 안 하자니 전혀 모르는 얼굴도 아니라 등만 구부정해진다. 머리를 숙인 것도 아니고 모른 척하는 것도 아닌 엉거주춤한 자세가 나온다. 저쪽에서 먼저 나를 모른 척해주기만 바랄 뿐. 먼저 인사를 할까 말까 망설이는 순간에 상대가 고개를 휙 돌리거나 아는 척하면 거기에 맞추면 되니까. 그 찰나의 순간에 매너 없는 사람으로 비치진 않을까? 내가 먼저 아는 척을 해도 되나? 그가 듣든 말든 내가 먼저 인사를 할까? 아, 먼저 인사할 걸. 별별 생각이 다 스친다.

〈SBS스페셜〉이라는 TV 프로그램에서 흥미로운 실험을 보여준 적이 있었다. 낯선 사람이 인사를 했을 때와 하지 않았을 때 어떤 일이 벌어지는지 알아보는 실험이었다. 각 실험군을 12명으로 선정해서 두 그룹으로 나누었다. A그룹에게는 짐을 들고 있는 낯선 사람이 엘리베이터 앞에서 인사를 먼저 건넸다. B그룹에게는 짐을 들고 있는 낯선 사람이 인사를 하지 않았다. 그런 다음 엘리베이터에서 내린 실험자가 짐을 쏟았을 때 반응을 살펴보았다.

인사를 건넨 A그룹에서는 12명 가운데 9명, 75퍼센트의 사람이 쏟아진 짐을 정리하는 것을 도와주었다. 그리고 인사를 나누지 않은 B그룹에서는 12명 중에 3명, 25퍼센트의 사람이 쏟아진 짐을 함께 정리하며 도와주었다.

이 실험에서 보듯이 인사의 위력은 막강하다. 인사를 하고 나면 낯선 사람이라 할지라도 아는 사람처럼 느껴진다. 가장 기본적인 예절이라고 생각하면서도 낯선 사이에서는 인사를 건네기가 쉽지 않다. 실제로 많은 사람들이 인사 때문에 곤란한 오해를 받는다.

한 번은 미국에 살다가 오랜만에 한국에 들른 후배를 만나게 되었다. 같이 엘리베이터를 타고 우리가 가려는 층을 누른 뒤 후배가 갑자기 옆 사람에게 말을 걸었다.

"오늘 날씨 너무 좋은 것 같아요. 오랜만에 한국에 와서 너무 좋아요. 여기는 맛집이 어디에요?"

순간 너무 아무렇지도 않게 말을 걸어서 나한테 하는 말인 줄 알았다. 자연스럽게 옆사람에게 인사하고 자신이 궁금한 것을 물어보는 그 모습은 자연스러우면서 낯설었다. 외국인들이 한국에 살면서 많은 차이를 느끼는 것 중 하나가 인사라고 한다. 서양에서는 길을 가다 모르는 사람과 눈이 마주쳐도 가볍게 인사하고 지나간다.

우리가 인사를 자연스럽게 못하는 건 상대방의 반응을 내 맘대로 지레짐작해서가 아닐까? 인사했다가 모른 척하면 머쓱해질까 봐 먼저 인사를 안 하는 것인지도 모른다. 사람마다 성향도 표현하는 스타일도 달라서 이런 것 하나하나 예민하게 생각할 필요가 없는데도 자기 방식으로 예측하는 것이다.

한편 인사는 아랫사람이 먼저 하는 것이라고 배웠기 때문이라는 생각도 든다. 군대를 다녀온 남성들은 인사를 먼저 하면 왠지 아랫사람이 된 느낌이 든다고 한다. 어릴 때부터 어른을 보면 인사부터 하란 말을 너무 많이 듣고 자랐나 보다.

사실 인사는 타이밍이다. 머뭇거리다가 타이밍을 놓치면 다시 잡기가 어렵다. 그때가 언제냐 하면 바로 눈이 마주치는 순간이다. 눈이 마주쳤을 때 굳이 입 밖으로 소리 내어 말을 건네지 않고 목례만 해도 인사가 된다. 타이밍만 잘 잡으면 인사를 먼저 건네는 건 쉬워진다.

우리는 모르는 사람에게 인사하면 큰일 나는 줄 안다.

"너 저 사람 알아?"

"아니, 아는 사람은 아니고 얼굴은 몇 번 본 적 있지."

이제는 그 얼굴 몇 번 본 사람에게 인사를 건네 보자. 그 사람도 나를 몇 번 본 얼굴로 기억하니까 인사해도 되지 않을까? 처음에 한 번은 모른 척할 수도 있다. 두 번째 마주쳤을 때 또 인사하면 당황하며 어정쩡한 반응을 보일 것이다. 세 번째 인사하면 그때는 같이 인사하면서 "우리가 자주 마주치면서도 인사는 처음이죠?" 하고 말을 건넬 수도 있다.

까칠한 사람을 만나도 괜히 인사했나 하고 생각할 필요는 없다. '내가 인사를 했는데 뭐 그렇게 받아, 흥!' 이럴 필요는 없다는 것이다. 그저 속으로 '가시 돋은 장미 같은 사람이

군.' 하고 끝내면 될 일이지 오래 생각할 필요도 없다.

먼저 인사하는 것이 곧 훌륭한 사람이라는 뜻은 아니다. 다만 요즘 같은 세상일수록 인사를 잘하는 게 더 도움이 될 수는 있다. 아침에 탕비실 커피 머신 앞에서 자기 커피만 급하게 들고 나갈 필요가 뭐가 있겠는가. 날씨 얘기도 좀 하고, 어제 본 넷플릭스 이야기도 해라. 내 커피만 갖고 나간 그 타이밍에 다른 사람들은 사내 중요 정보를 주고받을지도 모른다. 먼저 인사하는 것은 나에게 분명 좋은 결과로 돌아온다. 인사는 쉬우면서도 훌륭한 매너 도구이다. 모르는 사람도 아는 사람으로 만들어 주니까.

결정을 쉽게 못하는 사람

최고의 선택에는
시간이 필요하다

인터넷 쇼핑은 자기도 모르는 새에 중독된다. 발품 팔지 않고 여기저기 클릭해 보면 가격 비교에 타인의 취향까지 싹 다 보여준다. 어떨 때는 이 빅데이터라는 놈이 무섭게 느껴진다. 한 번 눌러봤을 뿐인데 친절하다 못해 스토커처럼 핸드폰을 열 때마다 내가 누른 제품과 비슷한 것을 보여준다.

의자 구입에 한 달 넘게 정보만 수집하는 경우도 있다.
"아우, 그냥 하나 사. 평생 쓸 것도 아닌데."

동료가 핀잔을 줘도 진지하게 고민은 계속된다.

의자는 한 번 사면 몇 년은 쓰는 제품이다. 가격대는 다양한데 디자인은 다 비슷비슷해 보여서 더욱 고민에 고민을 거듭한다. 오래 앉아 있어도 허리에 무리가 안 가는지, 책상 높낮이와 잘 매칭이 되는지 여러 요소를 비교하다 보니 결정을 못하고 자꾸 더 좋은 제품을 찾아 보게 된다.

의자도 이러한데 노트북이나 가전제품은 얼마나 더 많은 고민을 할까. 제품을 결정한 다음에는 밤새 사이트를 뒤져서 10원이라도 싼 곳을 찾아낼 것이다. 대학입시를 앞두고 학교 간판이냐 장래성 혹은 적성이냐를 따지고 또 따지는 수험생도 그보다 신중할 수는 없겠지 싶다. 그래도 괜찮다. 그건 결정을 못하는 게 아니라 가장 완벽한 선택을 하고 싶은 성향일 것이므로.

그 사람은 손해가 아니라 실수할까 봐 엄청 겁먹고 있는 건지도 모른다. 평소 자신의 선택 때문에 어떤 결과가 올지를 늘 염려하는 사람이다. 자칫하다가는 바보 소리 들을까 봐 싫고, 이왕이면 자신의 선택이 주변에 아무런 해를 안 끼치는 좋은 선택이길 바라는 마음에서 선뜻 선택하지 못하는 것이다.

이런 사람이 학교나 직장에서 제일 많이 듣는 소리가 '갑갑한 사람'이다. 더디고 고민 많이 하는 사람. 하지만 실수가 없다. 경우의 수를 다 따지며 하나하나 신중하게 생각하고 정확함을 위해 계산해 보고 또 계산해 본다. 머릿속으로 시뮬레이션을 엄청 돌려 보고 난 다음에야 실행한다. 어떤 미션이 주어지면 성공하지 못할 요소부터 찾아내기 때문에 때로는 비관론자로 오해받기도 한다.

아이들 가운데에서도 이런 성향을 보이는 경우가 있다. 공부를 하려고 하면 일단 책상을 깨끗하게 다 정리하고, 책을 가지런히 놓고, 음료수도 한 컵 챙기면서 엄마가 '언제 공부할래!'라고 버럭 소리 지를 때까지 준비하는 아이. 이런 자녀나 조카가 있다면 타박하고 속상해할 일이 아니다. 타고난 성격의 모습이 있다. 꼼꼼하고 체계적인 이 아이는 그것이 재능이 되어 웹 개발 전문가가 될 수도 있을 테니 섣불리 부정적으로 볼 필요는 없겠다.

문제는 사건을 바라보는 관점에서 시작된다. 만약에 사소한 물건을 하나 사는 데에도 시간을 너무 지체하고 선뜻 선택하지 못하는 사람이라면 좋은 자질 하나를 갖춘 것으로 관점을 바꾸자. 그는 시간을 지체하더라도 완벽한 결정을 내리고 싶어 하는 사람이다.

실제 업무처리에서 계획성과 정확성을 갖춘 사람은 참모로서 매우 훌륭한 기질을 갖춘 게 아닐까. 더딘 의사결정이 리더로서는 플러스 요인이 아니라 할지라도 리더의 결정을 돕는 실무 역할로서는 더할 나위가 없다.

만약의 경우를 대비해 수도 없는 시뮬레이션을 해보고 여러 가지 다 취합해서 알려주는 사람은 리더에게 얼마나 필요한 인재인가. 모두가 리더가 되고 싶어 안달이 난 요즘 같은 시대에 꼭 필요한 존재이다. 기획자나 개발자, 연구원들을 잘 살펴보면 디테일에 대한 심도 깊은 고민을 할 줄 아는 사람들이다.

선택에 대한 신중함이 타인에게는 답답함으로 비칠 수 있으나 당사자로서는 옳은 결정을 내리기 위해 꼭 필요한 과정이다. 덜렁대고 부주의한 사람보다 훨씬 더 낫다고 말하면서 갑갑하다고 말하는 타인의 이중적 잣대로부터 자유로워지자. 그러려면 자신에 대한 절대적 믿음이 우선되어야 한다.

선택을 너무 신중하게 하는 사람에게 포스가 있다고 말하지는 않지만 신중함에서 오는 묵직한 결정에 대해서는 포스 있다고 할 것이다. 포스는 자기 신뢰, 믿음이 바탕이 되면 자연스럽게 우러나오는 것이다.

못 따지는 사람

싸우지 않아도 괜찮아

"제가 이 번호를 썼다구요?"

"네 고객님, 010-1234-4568 번호를 2015년부터 쓰고 계십니다."

"아니, 제 번호는 010-1234-4567인데 어떻게 4568번을 몇 년째 썼다고 하십니까? 저는 그 번호 처음 듣는 번호예요."

"혹시 2015년에 휴대전화를 새로 구입하셨습니까? 아마도 통신 대리점에서 새로 개통하는 조건으로 이 번호가 들어가 있었던 거 같은데 당시 계약서를 갖고 계시면 확인이 가능한 부분입니다."

몇 년이나 지난 휴대전화 구입계약서라니. K는 몇 년 동안 까맣게 잊고 있었던 기억이 되살아났다. 휴대전화기를 싸게 사려면 새로 가입하는 혜택을 활용하는 게 좋으니 기존의 번호를 유지한 채 새 번호로 가입하고 약정이 끝나는 대로 해지를 하라고 했던 것. 기본요금 몇 천원이니 그대로 잊어버렸나 보다. 전화요금은 카드에서 자동으로 결제가 되고 카드 명세서에는 전화요금이라고 합산만 뜬다. 자세한 건 통신사 앱에 들어가 다시 확인해야 하는데 귀찮아서 확인을 안 했더니 그런 일이 벌어진 것이다.

"그럼 제가 지금까지 4568번으로 낸 요금이 총 얼마예요?"

"네, 고객님, 총 108만 2천5백60원입니다."

"뭐라고요?"

그 돈이면 전화기를 새로 살 수도 있었을 텐데, 순간 할 말을 잃을 정도로 충격을 받았다. 한 번도 쓴 적 없는 번호의 비용으로 1백만 원이 넘는 돈을 버리다니.

그날 저녁에 K는 아내에게 이런 일이 있었다고 털어놓았고 아내는 펄쩍 뛰었다.

"이게 말이 돼? 말이 되냐고. 상담원한테 그 번호로 통화한 적도 없는데 돈을 이만큼 냈으니 구제 방법이 없냐고 물어봤어야지. 통화기록은 남아 있을 거 아니야. 통화를 한 번도 안 한 번호의 비용을 소비자가 다 낸다면 그건 부당하잖아. 당신 같은 사람이 한둘이겠어? 통신사에서 그 정도는 당연히 대처 매뉴얼이 있겠지. 낼 다시 전화해서 따져. 싸워서 절반이라도 받아내. 그 돈이면 우리 두 사람 한 달 식비를 충당하고도 남는다고!"

언제나 똑 부러지는 아내의 쏟아지는 잔소리에 뭐라고 대꾸하기도 싫어서 입을 다물고 말았다. K가 내일 다시 통신사에 전화할 확률은 크지 않다. 그는 확인을 안 하고 시간을 흘려보낸 것도 자신이고 그 사실을 잊어버린 것도 자신이니 통신사에 전화해서 모르는 상담원과 실랑이를 벌이는 건 안 될 일이라고 생각한다. 상담원은 무슨 죄가 있어서 몇 년이나 묵은 전화요금을 내놓으라는 소비자를 상대해야 하냐고 상대방의 입장을 헤아릴 터이다.

아내는 다시 전화했냐고 확인할 것이다. 그는 대충 얼버무리며 안 된다고 하더라며 입씨름을 피할 것이다. 누군가와 싸워서 무언가를 얻는다는 게 그에게는 몹시도 어려운 일이다. 막상 싸우려면 무슨 말부터 꺼내야 할지 막막하고, 뭘 그런 걸 가지고 싸우나 싶은 마음이 든다. 식당에서 메뉴가 잘못

나와서 주인이 새로 만들어 주겠다고 해도 괜찮다며 그냥 먹는 타입이다.

혹시 귀찮아서 안 싸우는 걸까? 회피하는 중일까? 현대 사회는 잘 싸우는 사람에게 기회가 주어진다지만 잘 싸우지 못한다고 해서 그것이 결점이 될 수는 없다. 그는 잡음을 몹시도 싫어하는 평화주의자일 뿐이다. 손해 보고 말지 어떻게 일일이 대응하면서 사냐고 생각한다.

자기주장이 없어서가 아니다. 늘 다른 사람과 자신이 동시에 편안한 길이 무엇인지 찾아내려는 성향 때문이다. 갈등을 싫어할 뿐만 아니라 더 좋은 환경을 만들기 위해 먼저 수고를 자처하는 타입이다. 식당에 같이 가면 수저를 일일이 세팅하고 앞사람이 먹는 음식 중에 모자라는 것이 있으면 정중하게 서비스를 요청하는 그런 성격의 소유자이다.

나는 이런 사람은 엄청난 모성애 같은 에너지가 내재된 사람이라고 생각한다. 상대방을 수용할 에너지가 충만하기 때문에 실상은 탈탈 털리면서까지 자신이 좀 손해 보더라도 다른 사람을 돕는 게 아닐까? 잘 싸우지 못하는 건 흠이 아니다. 사랑이 충만한 거지.

사랑이 충만한 사람은 불만도 없고 억울한 것도 없다. 그

만큼 자신의 행동에 대한 근거가 있고 이유가 있기 때문에 다 내주고도 손해를 못 느끼는 것이다. 잘 싸우지 못하는 사람은 비겁한 게 절대 아니다. 용기가 없는 것도 아니다. 굳이 싸워서까지 얻어낼 필요가 없을 뿐이다.

나를 비롯하여 주변 사람들 가운데 잘 싸우지 못하는 사람이 있다면 그 안에 담긴 사랑의 크기를 짐작해 주기를.

결국 돈 내는 사람

돈도 관계도 순환이 기본

식당 계산대 앞에 선 사람들은 크게 두 부류로 나뉜다. 서로 계산하겠다고 귀여운 소동을 피우는 사람들과 정확하게 n분의 1로 계산하는 사람들 둘 중 하나다.

그런데 우리가 곤란함을 느끼는 경우는 딱히 정하고 만난 게 아니라서 서로 눈치를 살필 때이다. 이때 계산을 정리하는 사람이 있다. 더치페이를 유도하거나 자신이 흔쾌히 내는 누군가이다. 돌이켜보면 그 사람은 한두 사람으로 정해져 있다.

결국 돈 내는 사람은 따로 있다는 뜻인데 '결국'이라고 말하는 데에는 이유가 있다. 자발적이든 수동적이든 적극적이든 어쨌든 불편한 상황을 벗어나겠다는 의지가 강한 사람들이라는 의미이다. 자신이 겪는 것도 싫지만 다른 사람이 불편을 느끼는 것이 싫어서 자신이 나서는 경향을 띤다. 이런 사람들은 밥값뿐 아니라 일을 분배할 때나 서로 손익을 따지게 될 때 가장 먼저 '우리'라는 개념으로 희생을 수용하고 받아들인다.

얻어먹은 사람은 몰라도 낸 사람은 기억한다. 자신의 경우라는 생각이 든다면 매번 돈을 내는 편에 속할 것이다. 좀 억울한 느낌이 없잖아 있을 텐데 그렇게 생각할 필요 없다. 결국은 돌아오니까.

그런데 왜 자꾸 참지 못하고 지갑을 먼저 꺼내는 걸까?

첫 번째, '나 하나만 좀 참으면 모두 편하다.'고 믿기 때문이다. 본디부터 사람을 좋아하고, 이치를 따지거나 평가하는 것과는 거리가 멀다. 많은 이들이 고민이 생기면 이 친구를 찾아온다. 이 친구에게 말을 하면 속마음을 열어 보여도 안전한 대나무숲처럼 느껴져 하소연을 쏟아낸다. 친구들에게는 참 고마운 사람이다. 계산적으로 따지며 사는 것과는 거리가 멀어서 자신이 감당하고 주변이 화기애애해지는 것으로 보상을 갈음한다. 적절히 조절만 한다면 그것이 주는 행복 또한 커서 기꺼이 감수한다.

두 번째는 좋은 사람이고자 하는 욕심이 큰 사람이다. 계산하는 순간에 메시지가 온 척 핸드폰이나 들여다보는 비루한 모습을 보이기 싫고 '돈'이라는 민감한 문제 앞에 의연한 사람으로 보이고 싶어 한다. 많은 문제도 해결할 용량이 큰 사람이라는 것을 스스로 알고 있고, 감내할 저력이 있는 사람이다. 머리도 아주 좋고 사람들을 모아서 다니는 것을 좋아하는 리더형 면모를 보인다.

　　하지만 자주 이렇게 지갑을 여는 타입이라면 특히 돈 거래를 조심해야 한다. 친구가 급하게 돈을 빌려달라고 하면 돌려받지 않아도 타격이 없는 금액만 빌려주는 게 현명하다. 빌려 간 사람이 돈을 안 갚을 확률이 크기 때문이다. 돈 앞에 얼마나 의연한 척하는지 아니까. 의도적이지 않아도 갚아야 할 돈이 많다면 가장 후 순위로 밀려나게 될 것이다. 흔히 말해 뒤통수를 잘 맞는 사람이다.

　　이런 사람들은 영업 당하기도 쉽다. 아주 비싼 것을 권하면 처음에는 부담스러워하며 거절한다. 몇 마디 말로 공감해주는 척하며 조금 더 싼 물건을 권하면 거절 못하고 산다. 거절했다는 마음의 빚을 털어내고자 다음 단계에서는 수용해버리는 것이다.

자본주의 사회는 기브 앤 테이크를 기본 룰로 돌아간다. 주고받는 관계. 받았으면 당연히 돌려줘야 한다는 말로 풀이하기 쉽지만 달리 생각해 보면 주기만 하지 말라는 뜻도 있다.

매번 돈을 내는 쪽이었다면 사람에 대한 욕심을 내려놓고 다른 사람에게도 그 기회를 줘도 좋다. 관계도 혈관처럼 순환이 잘 되어야 건강해지는 거 아닐까. 서로 주고받는 상호 순환이 잘 이뤄져야 안정적인 관계를 유지할 수 있게 된다.

애착은 이유 있는
추억의 표현이다

　　　　　　아파트에 살다 보면 똑같은 평수에 같은 구조인데도 어떤 집은 유난히 잘 정돈되어 있어서 부러운 마음이 든다. 어지르기 쉬운 식탁 위나 신발장도 정리정돈 전문가처럼 깨끗하게 해놓고 산다.

　　　어떤 집은 입구에 들어설 때부터 어수선한 분위기이다. 현관에 일단 신발이 몇 켤레 나와 있다. 소파 옆에는 충전기에서 뻗어 나온 줄이 길게 늘어져 있고, 반쯤 마신 커피잔에, 꽃병에는 언제 꽂아둔 건지 모를 마른 꽃송이가 꽂혀 있다.

　　　게을러서 차이가 난다고 생각하겠지만 게으름 때문만은

아니다. 그에게는 그 물건이 거기에 있을 만한 이유가 있다.

회사에서도 나란히 책상을 마주한 직원들 사이로 유난히 높게 서류가 쌓여 있는 사람들이 있다. 옆자리 동료는 펜 몇 자루와 메모지, 컴퓨터 한 대가 전부이다.

왜 그런 걸까? 왜 하나도 못 버리고 쌓아두는 걸까. 퇴짜 맞은 기획안이지만 언젠가는 쓸 데가 있을 거 같아서, 일 년에 한두 번 작동시키지만 필요할 것 같은 소형 가습기, 귀여워서 샀는데 쓰지는 않는 머그컵 등등 정리를 못하는 데에는 다 저마다 사연이 숨어 있다.

시니어라이프 오거나이저로 활동하는 김민주 이사는 한 잡지 인터뷰에서 이렇게 말했다.

"그냥 못 버리는 거예요."

그녀는 고급 아파트에 혼자 사는 한 할머니가 기억에 제일 많이 남는다고 했다. 여러 해가 지나도록 제대로 청소도 하지 않고 지내며 자녀들과도 왕래가 거의 없는 분이셨다. 할머니 동의를 받고 대청소를 했는데 일이 끝나고 난 뒤 할머니는 엄청 화를 냈다. 누가 봐도 버려야 할 것을 버렸을 뿐인데, 할머니는 하나하나 다 기억하고 찾으셨다. 할머니에게는 멀어져간 자녀와의 소중한 추억이 깃든 물건이었던 거다. 김민주 이사는 '물건을 버리는 것을 못 견디고 상실감을 크게 느낀 것' 이라고 진단했다.

추억은 내 기억 속에 남아 있는 것만으로 충분하지 않은 걸까? 그 기사를 읽으면서 나이 들수록 추억까지도 정리하는 연습이 필요하다는 생각이 들었다. 물건을 정리하는 것보다 힘든 것은 마음을 정리하는 일일 것이다.

나이 든 분들만 그런 것이 아니다. 물건에 대한 애착은 누구에게나 있지만 그 가운데에서도 감수성이 예민한 사람은 유독 물건을 못 버리는 축에 속한다. 버리려면 자꾸만 이건 이래서, 저건 저래서 이유가 떠오른다.

주변에서 정리정돈의 달인으로 통하는 G는 무려 3개월째 이삿짐을 싸고 있다. 밤마다 버리려고 싸둔 물건을 새벽에 다시 풀고 하루를 못 넘겨 다시 쓰레기 박스에 담았다 끄집어내기를 반복하는 게 그녀의 일상이다. 3년 전에 쓰던 돋보기며 이제는 아무에게도 소용이 닿지 않는 사각형의 납작한 도시락통 따위가 차마 그녀가 집 밖으로 내놓지 못하는 물건들이다. 애착이나 집착 때문이 아니다. 버리지 못하는 건 각각의 물건에 얽힌 사연이다. 그러면서 매일 '저걸 다 버려야 하는데' 애면글면 속을 태운다.

버리지 않으면 정리를 할 수가 없다. 옷장을 열면 일 년에 한 번도 꺼내지 않은 옷이 분명 있고, 서랍에는 뚜껑도 안 열리는 10년 전에 산 펜도 있다. 해외여행에서 사온 엽서나 기념품도 뭉텅이로 쌓여 있다.

정리수납전문가라는 새로운 직업군이 생긴 것만 봐도 청소하고 정리정돈을 하는 것은 우리 생활을 좀 더 단정하고 효율적으로 만들어 주는 것임은 틀림없다. 하지만 정리정돈을 못한다고 해서 마냥 나쁜 습관이라고 자책할 필요는 없다. 못하는 게 아니라 안 하고 싶은 마음이 더 크기 때문이다. 어지럽혀져 있어도 어지러운 줄 모르고 사는 사람들이다. 나름대로 나쁘지 않다고 여기고, 별로 신경을 쓰지도 않는다.

그리고 그 자유분방함 속에서 일반적이지 않은 남다른 예술적 감각을 가지게 되는 경우도 종종 있다. 정리정돈을 못하는 사람이라고 스트레스 받지도 말고 핀잔을 주는 사람이 있거든 이렇게 말해 보자.

"내가 보기에는 백남준 같구만."

선택을 미루는 사람

나만이라도 만족하는
선택을 하면 된다

점심시간에 뭘 먹을지 고민하는 것, 어떤 기념일이 다가오면 선물을 고르는 것까지 우리는 매번 어떤 선택 앞에 놓인다. 그때마다 고심하게 된다. 가장 좋은 선택을 하고 싶어서.

자장면과 짬뽕 중에 고르지 못하는 사람들을 위해 짬짜면이 탄생한 것만 봐도 정말 많은 사람들이 선택하는 데 어려움을 겪고 있음을 알 수 있다.

결정을 못하고 망설이는 사람들을 햄릿에 빗댄 '햄릿증후군'이라는 용어가 있다. 수동적인 생활 습관이나 과도하게 넘쳐 나는 정보들로 인해 선택이나 결정을 할 때 어려움을 느끼는 증세로 셰익스피어의 비극 〈햄릿〉에서 유래한 것이다.

인터넷에서 떠도는 '햄릿증후군 자가 테스트'를 살펴보면 크게 우려할 만한 증세는 아닌 것 같다. 혼자 메뉴를 못 고른다든지, 쇼핑을 못해서 친구의 조언을 필요로 한다든지, 사소한 결정을 SNS 투표에 붙인다든지 하는 것이다. 정신과 의사들의 공통적인 견해를 종합하자면 정보가 너무 과다해서 생긴 증상이라고 한다.

C는 동료 A 때문에 남모르는 스트레스를 받고 있다.

"제가 원래 뭘 선택을 잘 못 하잖아요. 그냥 알아서 하고 나중에 얼마 내면 되는지만 말해 주면 안 될까요?"

C와 A는 같이 근무하던 입사 동기가 이직하게 되자 돈을 보태서 작은 선물을 해주기로 했다. A는 자신은 뭘 고르기 어려워하는 사람이니 C가 알아서 선물을 사라는 것. 얼마 전에 있었던 점심 회식도 같은 이유로 C가 식당을 예약했다. 공식적인 업무는 아니지만 모두의 의견을 취합해서 결정하거나 선택할 일이 생기면 부서 막내라인에서는 전적으로 C의 몫으로 돌아오고 어느새 C는 뒤치다꺼리를 도맡는 입장이 되었다.

매번 이런 식으로 빠져나가는 A에게 C는 몇 번이고 말하려다가 혹시 낯붉힐 일이 생길까 싶어 관두었다. 내가 희생하면 모두가 편안해지는데 하는 마음으로.

"어디서 이렇게 내 마음에 쏙 드는 스카프를 산 거야! 모두 고마워요!"

선물을 받아든 입사 동기는 정말 좋은지 연신 고마워했다.

"마음에 든다니 정말 다행이에요."

A의 말에 C는 갑자기 마음이 확 상하고 말았다.

'다행? 지는 가만 앉아 있고 나는 손가락이 부러져라 쇼핑몰을 클릭질을 했구만. 말이라도 내 덕분이라고 해주면 안 되나?'

C는 A가 무척 얄미웠겠지만 A는 액면 그대로 정말 다행이라고 생각하고 있다. 인터넷 쇼핑으로 옷을 살 때 '입어보지도 않고 사서 안 맞으면 어떡하지? 색상이 화면과 다르면 어떡하지?' 생각하다가 하나는 반품할 각오하고 두 벌 주문하는 사람이 A이다.

일단 A에게는 자기부정이 마음 깊은 곳에 깔려있다. 자신이 선택하면 기대에 못 미칠 거라는. 그에게 아주 큰 결정적인 사건은 벌어지지 않는다. 큰일을 단독적으로 결정할 수가 없는 사람이다. 결정하기 어려워하는 일은 선물이나 점심 메뉴 같은 사소한 일들이다. 남을 배려하는 건 잘하는데 똑똑한 판단을 잘 못 한다는 내면의 부정이 사소한 일을 타인에게 위임하는 결과를 낳고 있다.

게다가 자신의 그런 면이 타인에게 어떤 영향을 끼치고 있는지 꿈에도 생각하지 못한다. 내가 양보하고 희생해서 화평한 상태를 유지할 수 있으므로 나는 결정할 필요가 없고 수용만 하면 된다는 입장이다. 두 개를 놓고 비교하는 게 아니라 아예 갈등 요소를 없애버리는 것이다.

C와 A는 형제자매간에도, 회사 직원 사이에서도, 친구들 사이에서도 흔하게 존재하는 관계이다. C가 A의 진심을 조금이라도 알면 잘 지낼 수 있겠지만 A의 특성을 조금도 이해하지 못한다면 다시는 안 볼 사이로 발전할 수도 있다.

A는 빠르게 결정하고 주문하고 진행하는 사람들이 신기하기만 하다. 나 또한 어렵든 쉽든 모든 결정을 옆 사람에게 미루고 결과를 받아들이는 사람이었다. 그걸 극복하려고 아무 생각 없이 저지르는 사람을 그대로 흉내내 본 적도 있다.

결정 후에 다가올 후폭풍이 두려운 나머지 빠른 감각적 판단과 실행력을 가진 사람을 벤치마킹해 보려고 했었다. 그 결과는 시원찮았지만 나를 곰곰이 돌아보는 계기가 된 것은 분명하다.

그때 나를 살린 건 '추임새'였다. 그래, 잘한다, 역시! 등등의 작은 한마디가 선택을 타인에게 미루지 않고 나 스스로 선택하도록 만들었다. 게다가 내가 택한 맛집이나 선물이 다른 사람들에게는 영 아니었다 할지라도 그것이 타인의 인생에 결정타를 날리는 일도 아닌데 뭐 어떤가.

선택하기가 두렵다면 당장 몇 가지 생각을 멈춰야 한다. 첫 번째는 내가 모든 정보를 다 주무르면서 내 선택의 폭이 넓어야 한다는 착각이다. 내가 아는 맛있는 김치찌개집이 최고가 아닐지도 모른다. 친구가 맛집을 더 많이 알 수 있다. 그것이 친구에게 선택하라고 할 이유가 될까? 내 정보 안에서 내가 할 수 있는 최선의 선택을 하면 되는데도 말이다. 맛이 없으면 다음에 안 가면 되는 거 아닌가?

그리고 선택한 것에 대해 계속 분석하는 것도 멈춰야 한다. 선택하면 실행이 그다음 순서인데 계속 선택 단계에 머무르면서 분석하고 또 분석한다. 맛은 어떤지, 가격은 합리적인지, 모두가 좋아할 만한 메뉴인지 주구장창 분석하는 그 생각을 당장 그만둬야 한다. 실행하면 끝날 일인데 생각만 계속하다가 자신감을 잃고 타인에게 얼른 선택권을 줘버리는 것이다.

이런 일이 반복되면 권한은 늘 선택했던 사람에게 돌아간다. 발언권이 센 사람들을 가만히 지켜보면 그 사람은 분명 어려운 순간에 많은 선택을 통해 난관을 돌파한 경험이 많은 사람이다.

자신이 없더라도 결과에 연연하지 않으면 선택을 타인에게 미루지 않게 된다. 선택은 내가 하되 결과는 다 같이 나누는 그런 기회는 흔치 않다. 선택을 두려워하지 말자.

사소한 것에서 선택을 미루기 시작하면 인생에서 정말 큰 선택은 누구에게 미룰 텐가? 선택을 타인에게 미루는 건 자유지만 이건 내 인생이지 남의 인생이 아니다. 모두를 만족시킬 수 없다면 나라도 만족한 선택을 하면 되는 것이다.

덥석 저지르는 용기가
실행력이다

　　　　　　　　　　모 개그맨이 운전면허도 없이 외제 차부터 덜컥 산 적이 있었다. 여동생이 토크쇼에 나와서 이야기하는 바람에 당사자는 한동안 생각 없는 사람이라는 이미지가 박혔다. 면허가 없으니 몰고 다닐 수가 없고 결국은 집에 세워뒀다가 팔아치웠다고 했다. 왜 그랬냐고 물었더니 당시 개그맨들 사이에 외제 차 붐이 일어서 자기도 그냥 사고 싶었다는 것이다. 개그맨답게 그 소재도 개그로 승화시켜 잘 넘어가는 게 좋아 보였다. 그처럼 흔쾌히 자신의 치부를 수긍하고 대처하는 사람이 많지는 않다.

바이크 마니아들 중에도 이런 사람들이 있다. 3천만 원, 4천만 원 하는 바이크를 충동적으로 턱턱 계약하지만 당장 탈 수도 없는 실력이다. 일단 갖고 싶으면 자신이 면허가 있든 말든, 체형이든 뭐든 다 필요 없고 일단 산다. 이성적으로 생각하는 사람들에게는 절대 일어날 수 없는 일처럼 보인다.

"제발 생각 좀 하고 살아."라는 말을 자주 들을 수밖에 없다. 수도 없이 '한 박자 쉬고 행하라'는 충고를 들으면서도 당장 하고 싶은 것은 해야 직성이 풀린다. 다른 사람들이 보면 '헐~' 싶은 것도 쉽게 결정하고 쉽게 행동한다.

여행할 때도 마찬가지이다. 계획이라는 게 없다.

"나 바다 보고 싶어."

친구가 넋두리하듯 한마디 내뱉었을 뿐인데 바로 "가자!" 하고 일어선다. 언제 누구와 같이 가고, 어디서 자고, 다녀오면 일이 얼마나 쌓여 있고 이런 생각은 안 한다. 말하는 순간의 그 상황에 자기를 내던진다. 때문에 양양을 목적지로 정했어도 가평 어디쯤에서 돌아오기도 한다.

함께 있으면 재미를 주는 사람들이다. 하루 일과를 마치고 친구들과 어울리며 치맥 한잔하면 바로 스트레스가 풀리는 타입이다. 회사의 골칫거리를 회사 밖으로 절대 들고 나가지 않는다. 집에 바로 들어가면 손해라는 생각이 들어 끊임없이 어떤 꺼리를 찾아낸다. 휴일에도 쉬기보다는 밖으로 나갈 명분을 계속 찾는 사람들이다.

흔히 말해 친구 좋아하고 성격 급하고 즉흥적인 사람들이다. 친구가 좋고 친구가 없으면 인생이 실패라고 할 만큼 타인과 어울리기를 좋아한다. 기질적으로 누군가의 눈치를 살피거나 배려를 해서 자기가 행동할 바를 정하는 사람들이 아니다. 만약에 어떤 문제가 생기면 문제를 해결하는 게 아니라 일단 자고, 일어난 다음에 생각한다.

지금, 이 순간의 오롯한 행복만 있으면 세상이 다 아름답게 보이는 유형이다. 쉽게 결정하고 행동하지만 아니다 싶으면 바로 유턴을 해버리고, 후회도 없이 산다.

이런 성향의 사람을 필요로 하는 곳도 있다. 세계 최대 온라인 쇼핑몰 아마존닷컴에서는 아무것도 저지르지 않고 가만히 있는 직원을 최악으로 친다. 수동적으로 주어진 일에 충실한 것만으로는 부족하다는 것이다. 아마존에서는 임시직이나 인턴들에게까지 새로운 아이디어를 내고 추진하라고 권장한다. 도전정신으로 대변되는 벤처 정신은 누가 키워줘야 하는 게 아니라 자기 속에 있는 모험심을 싹 틔우는 데서 출발한다는 것이다.

앞뒤 재지 않고 생각 없이 쉽게 저지르는 사람은 상식적으로 보자면 한숨부터 나오지만 좋게 보면 아이디어 뱅크이다. 그들의 두드러진 장점은 속도가 빠른 만큼 추진력이 정말 좋다는 거다. 결정을 빨리 하는 만큼 일 추진력이 좋고 임기응변이 좋아서 문제가 생겨도 수습을 잘해낸다.

무모하고 모험심 많은 사람이 어울리는 자리가 있고 이성적이고 자로 잰 듯 반듯한 사람이 어울리는 자리는 또 따로 있다.

독일의 대표 시인 프리드리히 횔덜린^{Friedrich Holderlin}은 '생각을 버리고 마음을 가볍게 하면 행복해지기 쉽다.'고 했다. 덥석 저지르는 용기를 가진 사람이야말로 현대사회에서 가장 축복받은 사람들이 아닐까.

✦ 금세 사랑에 빠지는 사람

매력 자본이 두둑할수록
사람이 모여 든다

연애 공백기가 정말 짧고 촘촘한 사람이 있다. 아는 후배가 분명히 새로운 여자친구를 얼마 전에 소개했는데, 한 달이 지나 다른 여성을 데리고 와서 또 소개하는 것이다.

제대로 정리도 안 하고 새로 썸을 타는 게 가능하냐, 인간에 대한 예의가 아니다, 충고를 해도 어제 지나간 사랑은 다시 돌아오지 않는다고 외칠 뿐. 특히 연인과 사이가 안 좋을 때 누가 눈에 들어오면 고민 1도 없이 바로 정리하고 새로 연애를 시작한다. 환승연애의 달인이다.

어차피 헤어지면 남이고, 앞으로의 인연에 집중하겠다는 데 그게 무슨 문제가 되냐고. 게다가 이별의 아픔은 새로운 사랑을 만나야 빨리 치유된다는 기적의 논리를 펼친다. 이별을 피할 수 없다면 이별의 아픔을 최소화하고 싶은 나머지 그 공백을 길게 두지 않으려 한다.

환승연애는 자기가 할 때는 괜찮은데 당하고 나면 그제야 자신을 뒤돌아보게 된다. 진정한 이별은 헤어지는 순간이 아니라 이별을 실감하는 순간이라고 한다. 감정에 충실했을 뿐인데 파탄 나기는 그 누구보다 쉽다는 걸 뒤늦게 깨닫는다.

"선배님, 얼마 전에 헤어진 친구 있잖아요. 걔 인스타에 웬 남자 사진이 올라 왔더라구요. 이번엔 제가 환승 당한 거 같아요. 근데 기분이 왜 이렇게 더럽죠? 그동안 만났던 여자들한테 좀 못할 짓 한 거 같고."

지하철에서 버스로 갈아타도 한참을 걸어가서 환승하는데 사람이 헤어지고 만나는 일인데 그렇게 쉽게 될 리가. 게다가 환승이라는 말이 가당키나 하냐고!

"그건 그냥 호기심이 많아서가 아닐까? 너는 좀 실컷 놀고 나서 결혼하는 게 좋겠다. 지금까지 논 거 후회돼?"

"에이, 후회는 무슨. 그냥 좀 찝찝하다고 할까. 연애를 좀 쉬어야겠다는 생각 처음 해봤어요."

금세 사랑에 빠지고 또 헤어지기를 반복하는 후배 같은 사람들에게 이 지면을 빌려서 해주고 싶은 말이 있다.

'목표를 높게 잡으라.'

나는 정말 그 후배가 호기심이 많고 에너지가 넘친다고 생각한다. 자기 에너지를 어떻게 어디에 발산해야 할지 몰라서 자꾸 들이대고 차이고 차는 것이지 처음부터 문어발 연애해야지, 환승해야지 하는 게 아니다.

비단 연애만 그런 게 아니다. 일에도 싫증을 낼 확률이 크다. 명심할 것은 다른 사람들보다 좀 더 힘을 쏟아야 좋은 결과가 있다는 것. 다양한 일을 시도하며 즐기는 것도 좋지만 목표를 높게 잡으면 그만큼 성취하고자 하는 욕구도 커지고 결과에 대한 기대치도 높아질 것이다. 신중함을 조금만 기하면 기발한 아이디어가 샘솟기 때문에 트렌드에 민감한 사업으로 대성할 수도 있는 여지가 많다.

금세 사랑에 빠진다는 것은 그만큼 매력 있는 사람이라는 뜻이다. 환승연애의 달인이 되고 싶어도 상대가 안 받아주면 될 수가 없다. 기본적으로 호감이 가는 스타일이기 때문에 누구보다 일과 사랑에서 동시에 성공할 확률이 큰 사람들이다.

앞으로의 미래 사회는 갈수록 제조업에서 벗어나 서비스업으로 고도화된다지 않는가. 매력 자본만큼 귀한 자본도 없다. 목표를 조금 높게 잡고 자신의 매력을 잘 관리하면 그보다 즐거운 인생이 있을까?

단순하게 들어주는
지혜를 발휘하라

　　　　　　타인에게 자기 이야기를 털어놓는다는 것은 그만큼 그 사람을 신뢰한다는 뜻이다. 말하는 것과 털어놓는 것은 엄연히 다르다. 지나가듯이 말하는 게 아니라 작심하고 털어놓는 것이다. 털어놓는 느낌이 들면 조심해야 한다. 굳이 '비밀인데'라고 단서를 붙이지 않아도 훅 들어오는 고백에 가까운 행동언어이다.

　　상대가 나에게 털어놓을 때는 믿으니까 털어놓고, 듣는 입장에서는 도와주고 싶은 마음으로 들어주기 때문에 둘만 있을 때는 아무런 문제가 안 생긴다. 하지만 비밀은 분위기를 타고 새어나간다. 들어주는 사람이 어떤 앙심을 품고 퍼트려서가 아니다. 그는 많은 사람의 고민 상담자 역할을 하고 있는 사람일 수도 있다. 한 사람이 아니라 여러 명의 이야기를 들어주다 보면 의도하지 않은 일들이 생긴다.

특히 잘 들어주고 친구가 많은 사람이 본의 아니게 곤경에 처할 때가 있다. 대개는 인맥의 허브 같은 역할을 하는 사람들이고 정보통이다. 수많은 사람 가운데 나를 찾아준 게 고마워서, 그만큼 내가 믿음직하다는 뜻이니까 사람들이 찾을 때는 자기 일도 잠시 미뤄두고 다독거리며 상황에 공감해 준다. 그러다 보면 어느 순간 원치 않은 사건의 중심에 서 있을 때도 생기는 것이다.

인맥통으로 불리는 E도 그런 사람이었다. 학교나 이웃, 동호회 등에서 알게 된 많은 이들이 그녀에게 찾아와 감정을 털어놓고 함께 웃고 울곤 했다. E는 자신에게 하소연하는 사람들에게 하나하나 다 공감해 주고 이야기를 들어주었다.

"나 박쥐 같은 년 소리 들었다."

"뭐? 왜? 누가 그런 소리를 해?"

"사실은 후배들이 좀 싸웠어. 티격태격. 별일 아니었거든 정말. 너도 옳아, 너도 옳아. 이러면서 양쪽 이야기를 다 들어

줬지. 누가 옳다 그르다 말도 안 했거든. 그런데 그중에 한 명이 나한테 자기 편 안 들어줬다고 이리 붙었다 저리 붙었다 한다고 막 뭐라고 하는 거야. 박쥐 같은 년 어쩌구 하면서. 내가 너무 황당해서 그 뒷말은 생각도 안 나네. 그런데 나 말이야, 그 말이 너무 충격적이더라고. 후배지만 정말 내 친동생처럼 대했거든. 생일마다 챙겨주고 무슨 일 있으면 몇 시간이고 풀릴 때까지 들어주고. 그런데 이제 와서 박쥐 소리 들으니까 내가 뭘 잘못했나 싶어."

평소에도 다른 사람의 이야기 들어주길 마다하지 않았던 E가 두 사람 이야기를 모두 들어주고 다독거렸던 것. 중재를 하려고 했던 것도 아닌데 다정하게 공감한 것만으로도 한쪽의 분노를 산 것이다. 분노조절장애였을까? 왜 이런 일이 벌어질까? E는 둘 다 이야기를 들어만 줬을 뿐이다.

평소에도 착하다는 소리를 많이 듣고, 정도 많아서 넓은 인간관계를 가진 사람이다. 그런데 이런 사람들이 꼭 감정싸움에 휘말린다. 오히려 좀 독선적이고 이기적인 사람들이 사소한 마찰은 덜 겪는다.

인간관계가 넓어지면 그만큼 경우의 수가 많아진다. 나는 잘한다고 잘하지만 모두에게 다 100점을 받을 수 없는 건 본인도 잘 안다. 그럼에도 마치 모두의 연인처럼 다 다정다감하게 대하려고 애쓴다. 그러느라 정작 본인은 타인이 쏟아 부은 감정의 쓰레기통이 되는지도 모르고.

E가 자기 의도와 달리 양쪽으로부터 다 욕을 먹은 것은 애매하게 양쪽 모두를 수용하는 태도를 취했기 때문이다. 만일 명확한 자기 견해를 유지했다면 기껏 들어주고 양쪽에서 욕먹는 결과는 피할 수 있었을 것이다.

E가 우유부단해서 그런 게 아니다. 누구보다 따뜻한 심성을 가졌기에 불행하다고나 할까. 사람의 마음을 얻는 게 너무 중요했다. 그 누구의 감정도 상하지 않게 우리 모두 사이좋게 지내길 바랐을 것이다. 하지만 모두가 해피한 결말은 영화에서나 있지 우리 사는 이야기의 대부분은 한쪽으로 결말이 나기 마련이다.

누구나 이 정도 억울한 에피소드 하나쯤은 갖고 있을 것이다. 우리는 그동안 '친구가 많은 사람은 좋은 사람'이라는 설정을 아무 의심 없이 받아들였다. 자기 얘기를 하고 싶은데 들어주는 사람이 없는 시대이다 보니 친구가 많으면 사람 좋다는 소리를 들을 수 있었다. 각자가 주인공이 되고 싶어 하고 실제 모두 주인공이기도 하니까 내 이야기처럼 집중해서 들어주면 늘 즐겨 찾는 사람이 될 수는 있다.

하지만 타인의 감정을 받아주고 이야기를 들어주는 동안 나 자신은 어디에 두어야 할까. 타인의 기분이 해소되는 동안 내 감정은 어느 순간엔지 모르게 오염된 바닷물이 될 수도 있다.

타인에게도 나에게도 좋은 사람이고 싶다면 '단순하게 들어주기'가 몸에 배어야 한다. 내용만 어렴풋이 기억하고 그 순간의 대화에서 오간 느낌만 간직하자. 친구가 원하는 건 심판관 역할이 아니니까. 그저 그 마음을 함께 바라봐주는 것만으로도 충분할 때가 있다.

가장 먼저 챙겨야 할 사람은 바로 나 자신이다. 나의 안정과 행복이 충분히 이루어져야 서로 건강한 관계가 된다. 배려가 지나쳐서 다른 사람의 감정 해소를 돕는 동안 자기감정이 망가지는 일 따위는 절대로 하지 않는다는 결심을 하자.

'나는 잘해줬고 너는 상처 줬어.'라는 감정이 생기지 않으려면 수용과 포용을 구분할 수 있어야 한다.

수용하는 것과 포용하는 것은 엄연히 다르다. 함께하는 느낌만 전달받아도 포용이 된다. 수용이라는 단어에는 행동까지 같이해야 한다는 의미도 포함되어 있다. 공감했는데 같이 행동하지 않으면 서운할 수밖에 없다.

양쪽에 다 좋은 사람은 어쩌면 동화 속에나 존재할지 모른다. 자기 견해를 분명히 하고 간단하게 들어주고 소중히 담아주고 건강하게 소통하는 사이야말로 진짜 친구 사이이다.

이번에는 내가 해준다는
자세를 보여줘라

친한 사이에 부탁을 받으면 솔직히 누구나 거절하기 힘들다. 오히려 돈 빌려달라는 부탁은 쉽게 거절할 수 있다. 내가 그 돈이 없으면 어떡하겠는가. 못 들어주는 거지. 너무 명확한 이런 것 말고 누가 봐도 사소한 부탁인데 거절을 잘 못하는 바람에 자기 스케줄이 꼬이는 경우를 우리는 자주 경험한다.

어린이집을 운영하는 J는 세 자매 중에 둘째이다. 자매만 있다 보니 집안일을 어느 한 사람에게 맡겨둘 수 없는 상황이다. 얼마 전 엄마가 다리를 다쳐서 병원에 입원했는데 퇴원 즈음 되니 코로나에 감염되었다. 엄마는 J에게 부탁했다.

"코로나 걸렸다고 바로 집에 가서 격리하라고 한다. 언니와 동생은 차도 없고, 또 직장에 있으니 네가 나 좀 퇴원시켜서 집에 데려다 주면 안 되겠니?"

아픈 엄마의 부탁인데 어떻게 거절할 수가 있나. 모시러 가겠다고 대답하고는 속앓이가 시작되었다.

'다른 병도 아니고 코로나인데 내가 엄마 모시고 왔다 갔다 하다가 나도 코로나에 걸리면 어떡하지? 애들이 있어서 안 될 거 같은데. 엄마는 내가 어린이집 운영하는 거 알면서…'

운전을 하고 다닌다는 이유로 집안의 많은 자잘한 일들을 도맡아 하지만 그럴 때마다 약간 억울한 기분이 든다. 소소한 잡일은 다 J 몫이라는 걸 언니도 동생도 심지어 자기 자신조차도 당연하게 여기는 것 같아서다. 그렇다고 엄마한테 다시 양해를 구하는 건 차마 못 할 짓이다 싶어 언니에게 전화로 상황을 설명했다.

"언니, 내가 다른 일을 하고 있는 사람이라면 이런 일쯤은 아무것도 아니야. 그런데 이번에는 어린이집 아이들이 걱정돼서 모시러 가기가 힘들어. 언니가 엄마한테 말을 좀 해주면 안 될까?"

그 말을 듣자 언니는 이렇게 말했다.

"아유, 그런 이유 때문이라면 내가 퇴근하고 엄마 모시러 가야지. 엄마한테 바로 말하지 그랬어."

스텝이 꼬일 때가 이런 경우이다. 내 사정이 있는데 그 사정을 말 못하고 일단 받아들이고 나면 내 사정이 그제서야 보인다. J에게는 마치 언니의 말이 책망처럼 들렸다.

바로바로 그때그때 하면 쉽게 넘어갈 일을 한 번에 탁 거절하지 못하면 마치 해줘야 할 것을 안 하는 것 같은 분위기가 형성된다. 특히 약속을 미루거나 이동을 하거나 물건을 옮기는 등의 사소한 부탁은 들어주기에 힘들지 않다. 그런데 부탁을 못 들어주는 경우도 생기는 법이다.

평소에 거절을 안 하고 부탁을 잘 들어주던 사람이 거절하면 거절당한 사람도 기분이 좋지 않다. 그 사람은 늘 해주던 사람이었으니까. 해주던 사람 쪽에서도 난감해하면서도 나중에는 속이 상한다.

나는 왜 맨날 들어주기만 해야 돼?

억울한 마음이 들지만 다음에 또 누가 부탁을 해오면 들어주게 된다. 늘 거절하는 것도 아니고 늘 들어주는 것도 아니다. 다만 내가 부탁을 들어주기 어려운 사정이 생기면 적절하게 대처를 못하는 것이다. 찜찜해지고 미안해지기까지 한다.

거절 못하는 자신을 원망할 필요도 후회할 필요도 없다. 거절을 잘 한다고 해서 인생이 더 행복한 것도 아니다. 뭐 편리할 수는 있겠다. 하지만 이것 하나만은 알려주고 싶다. 거절이 익숙한 사람보다 거절을 잘 못하는 사람의 세상이 훨씬 더 아름답고 평화롭다는 것. 거절을 못하는 사람들은 대체로 사소한 문제는 양보하고 수용해서 전체의 평화를 유지하려고 한다.

이런 상황에 자주 맞닥뜨린다면 자신의 행동에 조금 다른 의미를 부여해 보는 것도 나쁘진 않다.

'나 하나만 참으면 되지.'

거기에서 조금 더 발전시키는 것이다.

'이번에는 내가 해줄 수 있겠어.'

중요한 단서는 '이번에는'이다. 매번이 아니다. 이번에는 나의 희생으로 평화가 유지되지만 다음에는 다른 사람의 개입으로 모두의 평화를 누릴 수도 있다. 자기가 늘 꼭 평화유지군이 되어야 한다는 생각을 조금만 접어두면 거절이 그렇게 꼭 어려운 문제는 아니다.

　여러 가지 상황을 다 고려해서 최선의 선택을 하려고 하는 마음은 정말 아름답다. 하지만 매순간 마음이 복잡해지지 말자. 적절한 거절이 때로는 훨씬 멋진 결과를 낳기도 한다.

끈기가 부족한 사람

끈기가 없다는 건
흥미가 없다는 것

만능 체육인으로 불리는 K
는 운동 종목을 자주 바꾸기로 유명하다. 태권도가 하고 싶어
서 시작했는데 한두 달 다녀보니 흥미가 급격히 떨어져서 그
만두었다. 그다음엔 수영, 그다음엔 댄스, 그다음엔 복싱을 했
다. 운동을 워낙 좋아하니까 도장 깨기 하듯 패들보드, 스키까
지 거의 모든 운동을 다 섭렵했다. 운동신경은 좋은 편인데 어
느 한 종목을 깊이 있게 하는 편은 아니었다.

K가 새로운 운동에 입문할 때마다 가족이나 친구들은 충
고 아닌 충고를 한다.

"하나를 고집스럽게 하는 끈기를 좀 가져 봐."

운동을 도장 깨기 하는 건 사실 끈기의 문제는 아니다. 자신과 딱 맞는 것을 찾아가는 일종의 탐색 과정으로 봐야 한다. 우리 사회는 그런 탐색의 시간을 아깝게 여기는 것에 너무 익숙해져 있다. 탐색의 과정이 끈기가 없다는 판단으로 귀결되면 안 된다.

우리는 탐색 과정에 대한 기회비용, 돈이 됐든 시간이 됐든 어쨌든 그 과정에서 날려버린 것의 효용성을 항상 생각한다. 차라리 그 시간에 공부를 했으면 뭐가 돼도 됐지, 차라리 그 돈으로 기술을 배웠으면 지금 이것보다는 낫겠다 등의 말을 자주 주고받는다. '넌 끈기가 없어.'라는 말은 탐색의 과정을 무시하는 사회적 잣대일 수도 있다.

나도 끈기가 없는 사람 중에 하나다. 뭘 하나를 배우면 끝까지 배우는 게 아니라 어느 정도 한다 싶으면 금방 다른 걸로 갈아탄다. 운동에서도 끈기가 없었던 나는 춤을 만나고서야 비로소 저런 말들에서 벗어날 수 있었다.

이상하게 다른 건 안 그랬는데 춤은 잘 추지도 못하면서 너무너무 그 시간이 즐겁고 행복한 거다. 그게 탐색이었다. 끈기는 단순한 하나를 집요하게 추구하는 걸 일컫는 말이 아니다. 자기를 끊임없이 알아가는 그 과정에서 필요한 요소일 뿐이다.

끈기가 없다는 말을 의지박약이라는 말과 동일하게 취급하지 말자. 동기부여가 잘 안 돼서 자기 앞에 주어진 것들을 해결하려는 욕구가 없을 때 그때 의지박약이라는 말을 쓰는 것이지 끈기가 없다고 하지 않는다. 중도에 포기하는 게 아니라 더 맞는 걸 찾아가는 중인 거다.

끈기는 탐색하는 동안 잠시 내려뒀다가 자신이 가치가 있다고 선택한 일에 돌입할 때 그때 필요하다. 의지를 갖고 시간과 열정, 인생을 바쳐 이루고 싶은 일에 끈기를 갖다 붙여야지 매사에 단순한 일까지 끈기 운운하면 세상에 끈기 있는 사람이 몇이나 될까.

어쩌면 끈기 없다는 말을 듣는 사람은 두뇌회전이 매우 빠른 사람일 수도 있다. 끈질기게 안 해 봐도 그것이 자기와 맞는지 안 맞는지 금세 아는 거 아닐까?

또한 끈기가 없다는 건 호기심이 많다는 뜻으로 받아들여야 할 것 같다. 어떤 경지에 오르는 게 목표가 아니라 어느 정도 할 줄 안다는 욕구만 채워지면 흥미가 떨어지고 다른 흥미로운 것을 찾아 떠나는 것이다.

결국은 나다움을 찾아가는 과정에서 끈기를 보이면 그게 운동이든 직업이든 안착하는 것이다. 그때만 끈기가 나오면 되지 뭘 다 끈기를 갖고 할 필요가 있겠는가. 끈기는 예전에 선생님들이 학생들 다그칠 때나 핀잔 줄 때 썼던 케케묵은 단어로 접어두자.

감정 기복이 심한 사람

감정 기복은
회복의 몸부림이다

여성들은 특히 생리 기간이 되면 정서 조절이 안 돼서 기복이 굉장히 심해진다. 이걸 고대 그리스에서는 히스테리라고 불렀다. 히스테라hystera, 자궁에서 말을 따온 걸 보면 이 신경증이 아주 오래전부터 존재했음을 알 수 있다.

철학자 플라톤은 히스테리가 여성이 아이를 갖지 못하면 자궁이 슬퍼해서 나타나는 현상이라고 했다. 과학적인 걸 철학적으로 풀이한 느낌이다. 사실 자궁의 문제가 아니고 난소에서 생성되는 에스트로겐과 프로게스테론 때문에 일어나는 현상이다. 이 두 호르몬은 자궁의 벽을 얼마나 두껍게 만들지 배란은 언제 할지 결정하기도 하고 뇌와 행동에 영향을 미치기도 한다.

남성들이 계절에 따른 테스토스테론 증감에 따라 가을 탄다는 말을 달고 살듯이, 여성들은 감정 기복을 달고 살 수밖에 없다. 정말이지 여성이 이성적으로 사고할 컨디션이 완벽한 생체 시간은 한 달에 일주일밖에 없는 것 같다. 생리 전 일주일, 생리 기간, 생리 후 일주일을 빼면 한 달에 일주일만 제정신으로 사는 것 같다.

여성들이 매달 호르몬의 격동을 겪으면서도 자신의 의지대로 삶을 끌어가고 있는 것은 실로 경의를 표할 만하다. 생리학적 요인으로 설명할 수는 있어도 감정의 노예가 되는 여성의 억울함은 누구도 알아주지 않는다.

예민한 사람들은 특히 평소에 자기와 몸의 대화를 얼마나 잘 나누느냐에 따라 이 기복마저도 조절이 가능하다. 몸이 호르몬 지배에 들어섰음을 알아차리기만 해도 감정을 컨트롤할 수 있게 된다. 자기 몸에서 일어나는 호르몬 변화에 민감하게 반응하는 것은 몸과 마음을 진정시켜 다시 정상 궤도를 찾아 나가는 일련의 과정이기도 하다. 요컨대 감정의 기복은 회복을 위한 몸부림 같은 것이다.

　　어떤 파티에서 와인도 한잔해서 텐션이 한창 올라가 있을 때였다.

　　"신대표, 조울증 있지?"

　　중소기업을 운영하는 어떤 분이 다소 진지하게 말을 걸기에 살짝 장난기가 동했다.

　　"당연하죠. 조증만 있으면 그게 비정상이죠! '울' 있어요, 있어!"

　　난 매순간 웃음과 행복으로 가득한 시간을 살고 싶은 욕구가 충만하다. 누구를 위해서가 아니라 그 시간을 만들어 가는 게 너무 즐겁다. 그렇게 뻗치는 나의 하이텐션을 신기하게 보는 사람들도 많다. 없는 텐션을 끌어내는 것은 한두 번은 가능할지 몰라도 매번 그럴 수는 없다. 적절하게, 필요한 만큼 텐션을 유지하기란 진심이 아니고서는 어림없다. 흉내낸다고 할 수 있는 텐션이 아니다.

　　그분의 의도는 '지금 저 텐션이 다운되면 울증으로 가겠네.'라는 뜻이었다. 동전의 양면처럼 조증과 울증을 오가는 사람으로 나를 바라본 거다.

"사람이 이렇게 하이텐션만 있으면 그게 정상이에요? 비정상이지. 이 세상 모든 자연 섭리에 음양이 있는 것처럼 올라갔으면 내려와야 되고, 내려갔으면 올라가는 감정 기복은 당연한 거예요. 조증만 있는 거 비정상이고요, 울증만 있는 것도 비정상이에요."

모든 입자는 고유의 파동을 가진다. 에너지를 가진 모든 것을 파도가 일렁이는 높고 낮음의 규칙적인 흐름으로 그릴 수 있다. 그 에너지 파도의 높고 낮음을 파고, 한 파도의 주기를 진폭이라고 한다. 음성녹음 파일을 분석하는 그래프를 상상하면 되겠다.

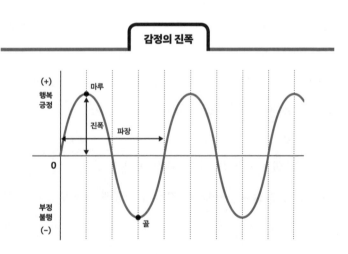

세상에 존재하는 모든 물질이 이러한 고유의 높고 낮음이 있는데 하물며 우리는 인간이다. 순간에도, 하루에도, 일년에도, 평생에 걸쳐 높낮이가 생길 수밖에 없다. 그것이 눈에 보이는 건강이든, 눈에 보이지 않는 감정이든, 타인과의 관계든 이게 일자라고 상상해 봐라. 우주에 그런 것은 없다. 당연히 있어야 할 진폭이다.

감정의 기복을 자신의 진폭이라고 규정하고 살금살금 고양이처럼 조용히 접근해 보자. 테러나 전쟁 같은 엄청 무시무시한 일들을 포함해서 아주 작고 사소한 일들까지 모두 다 감정의 지배 아래에 있다. 언제 무슨 일이 생길지 모르기 때문에 제일 먼저 할 일은 파고의 높낮이를 줄여서 평균 진폭이 크지 않는 상태로 만드는 것이다.

영업을 하는 사람이 큰 계약을 성사시키거나, 운동선수들이 메달을 딴다던지 하는 예상치 못한 기쁜 일들이 생기면 급작스런 흥분 상태에 돌입하기 쉽다. 이와 비슷한 흥분 상태가 되면 나는 속으로 이렇게 속삭인다.

지금 너무 기분 좋지? 이 기분을 조금만 덜어내서 저축하자. 나쁜 일이 생겨서 저 바닥으로 파고들고 파고들어 웅덩이가 생기면 지금 떼놓은 기분으로 그 웅덩이를 메울 수 있게!

볼록 솟은 꼭대기 행복을 싹둑 잘라서 조금 덜 누리고 넣어두자는 뜻이다. 나만 운영하는 감정은행. 행복의 윗부분을 잘라 불행의 아랫부분을 메울 수 있도록, 괴로운 일이 생길 때 조금이나마 덜 괴롭도록 대비하는 것이다.

그다음 할 일은 파동 주기를 줄이는 것이다.

높낮이의 괴리를 좁혀두었으니 그다음은 감정이 오가는 그 주기를 짧게 줄이는 것이다. 올라가는 파동대는 길고 높게 하고, 내려가는 파동대는 짧고 낮게 할 수만 있다면 최고라 할 수 있지만 나도 아직 그 경지까지 도달하지 못했다. 대신 주기를 짧게 겪으려고 노력하는 중이다. 좋은 일, 힘든 일 모두 느끼고, 겪어내고, 보내버리는 작업을 한다. 또 올 주기일 테니까. 그렇게 파동의 진폭을 줄이고, 주기를 짧게 하면 마치 직선처럼 보이게 된다. 늘 일관성 있고, 감정 컨트롤을 잘해서 안정된 사람들에게서 볼 수 있는 모습이다. 요동치지 않는 흉내낼 수 없는 에너지를 가진 사람들은 인생의 파동을 빠르게, 탄성 있게 조절하는 힘을 가졌다. 수없이 감정 기복을 겪으면서 자신만의 페이스를 가지게 된 것이다.

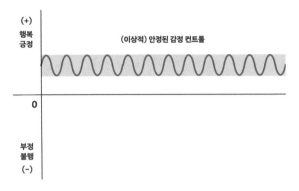

감정의 주기와 평균선

(+)
행복
긍정

(이상적) 안정된 감정 컨트롤

0

부정
불행
(−)

덧붙이자면, 그 파동의 연속선을 기준선에서 위쪽에 둘 것인지, 아래쪽에 둘 것인지도 선택의 몫이다. 이왕 기복이 있는 세상일에 플러스 쪽에서 긍정의 힘으로 겪어나갈 수만 있다면 더없이 행복하지 않을까!

너무 좋을 때는 '맞아, 나중에 안 좋을 때도 있지. 그럴 때 써먹어야지.' 이런 생각으로 좋은 감정을 넘쳐흐르지 않게 좀 감춘다. 너무 나쁠 때는 '맞아, 그때 나는 참 좋았지. 그 사람이 고마웠지!' 이런 생각으로 나쁜 생각을 좀 누그러뜨리면 된다.

내 감정의 파동 모습을 상상해 보자. 어떤 모양일까?

자기 신뢰를 넓히는 질문

1 지금까지 내가 가장 좋았던 순간은 언제였나?

....

2 그 어떤 일을 해도 내게 잘했다고 말할 사람은 누구인가?

....

3 다른 사람은 모르지만 나만 알고 있는 나의 장점을 떠올리자.

....

4 아무리 힘든 상황이라도 이것 하나만큼은 해낸다고 결심한 것은 무엇인가?

....

5 나의 태도나 행동, 습관 가운데 모든 사람이 입을 모아 칭찬하고 인정하는 것 하나를 떠올려 보자.

....

6 의욕이 넘쳤던 프로젝트나 과제, 취미 등이 있었는가?

....

7 언제, 무슨 일을 했을 때 주목을 받았는가?

....

8 사 놓고 좋아서 어쩔 줄 몰랐던 물건이 있다면 떠올려 보자.

....

9 내 인생의 가장 큰 성공이라고 생각되는 것은 무엇인가?

....

10 내가 나에게 거는 기대를 적어 보자.

....

2장

숨어 있는 포스
찾아내는 법

포스를 발산하려면 자기를 폄훼하는 나쁜 생각들을 지우고 단단하게 자신을 내세울 줄 알아야 한다. 생각부터 얼굴, 태도까지, 인정하고 싶지 않았던 자기의 본모습을 인정하고 자기 인생을 다시 기획하는 법을 알아보자.

중요한 것은

경계를 밀어내는 것이 아니라

경계가 지닌 무언가를 갈라놓는 특성을

제거하는 것이다.

- 리하르트 폰 바이체 -

생각에 빠져들지 마라

생각,
너 그대로 정지라고 외쳐라

내 성격이 너무 싫을 때가 있었다. 스트레스가 종일 근육 하나하나 다 뻣뻣하게 긴장시킬 정도로 늘 타인의 시선을 의식했다. 남의 시선 속에 놓인 내 인생이 진저리치도록 싫었다.

나만 이런가? 나만 이렇게 온 세상이 날 쳐다보는 것처럼 두려운가? 나는 왜 이럴까를 수십 년을 고민해 보아도 해답을 찾을 수 없었다. 생긴 대로 살아야지, 어쩔 수 없어, 이렇게 살기 싫은데 사이에서 왔다 갔다 하기를 반복했다. 늘 고민을 짊어지고 생각하고, 생각하고 또 생각하기를 멈추지 못했다.

한여름의 후텁지근한 공기가 어느새 모습을 바꾼다. 오늘은 가느다랗고 서늘한 한 가닥 기운이 아침 창가로 스며든다. 여전히 낮은 덥지만 한풀 꺾인 더위라서 조금씩 건조한 차가움이 느껴진다. 가을이 슬며시 당연한 듯 내 곁에 다가오고 있다. 가을. 나는 사상체질로 들여다보면, 가을이다. 가을의 소음인!

차가움, 건조함, 메마름, 떨어짐, 비정함.
추수, 결실, 낙엽, 단풍, 월동 준비, 수축.
사색, 독서, 풍요로움.

가을을 떠올리면 이런 단어들이 먼저 연상된다. 자연 속에서 바라본 가을은 봄 여름을 지나 양의 기운이 절정을 이루는 여름으로부터 결실을 얻어내는 계절이다. 차가운 바람이 알곡이 되지 않은 모든 것을 털어내 버린다.

소음인이라고 부르는 가을이들의 얼굴엔 찬바람이 쌩하게 돈다. 완성되지 않은 자신을 들키기 싫어서 방어 자세를 취한다. 그 누구보다도 자신을 혹독하게 단련시키면서 다른 사람의 평가나 비난에 질색한다. 그래서 늘 조심하고 배려하고 눈치 보고 주변의 변화를 예민하게 느끼는 경향이 있다.

외향적인 사람들이 보면 왜 저렇게 예민하게 반응하고, 스트레스 받냐고 말할지도 모른다. 그런데 해바라기는 원래 노랗고 장미에게는 가시가 있듯이 타고난 본성은 어찌할 도리가 없다. 주지도 않은 눈치를 혼자 받으며 두리번거리게 되는 걸 잘못된 행동이라고 할 수 없지 않겠는가. 그건 가을이로 태어난, 자연이 처음 입혀준 색이나 모양 같은 것이다. 거스를 수도 집어던질 수도 없다. 가을이로 태어나 가을처럼 사는 것이다. 잘하고 못하고의 관점이 아니다. 잘난 인생 못난 인생 그런 건 없다. 나 생긴 대로 살면 된다.

하지만 40년 이상을 가을이로 살아온 나는 그런 내가 마음에 안 들었고, 남은 40년을 마치 여름 한낮처럼 뜨겁게 살아보기로 했다. 다른 체질을 흉내내는 것이 아니라 새로운 탐험을 떠나고자 했다. 다른 시선과 행동 방식으로 생각의 자유와 풍요를 만나고 싶었다.

가을이들의 가장 두드러진 특징 중 하나는 머릿속에 끊임없이 생각이 소용돌이친다는 점이다. 인과관계의 타당성을 따져보고 객관적으로 보려고 고민하지만 결코 쉽사리 결론에

도달하지 못한다. 확신을 갖고 행동하지는 못한다. 타인의 시선 때문에 주체적으로 선택하는 것을 주저했던 나에게 가장 필요한 것은 스스로 가둬놓은 생각의 굴레에서 벗어나 세상과 마주하는 것이었다. 그래야만 나는 성장할 수 있을 터였다.

생각이 꼬리에 꼬리를 물다 보면 어느새 본인은 일어나지도 않은 사건의 피해자로 둔갑해 있다. 이때 어떻게 해야 할까!

생각 정지! 생각, 너 그대로 그 자리에 딱 멈춰!

입 밖으로 내뱉으면서 마치 나를 둘러싼 불의 고리 같은 생각의 고리를 끊어내려 노력했다.

생. 각. 정. 지.

백 번, 이백 번을 외쳐도 또 떠오르는 걸 어떡하나. 멈추라 한다고 더 이상 생각나지 않는다면 사는 게 얼마나 쉬운 일이겠나. 생각 정지를 외치는 게 도움이 안 될 것 같다는 부정적인 생각에 시달리는 사람들이 지금 이 순간도 곁에 있는 느낌이다. 그 마음 충분히 이해한다.

하지만 이 외침이 필요 없는 것인가에 대해서는 동의하지 않는다. 걷잡을 수 없는 생각에 빠지는 자신을 경계하고 싶은 사람들은 이렇게 해서라도 그 생각을 멈추려는 시도를 해야 한다.

파블로프의 개를 키워라

여기서 나는 하나의 장치를 마련했다. 팔목에 탄탄하고 얇아서 짜릿한 고통을 주는 고무줄을 하나 걸었다. 24시간 방어 장치였다. 도움이 되지 않는 불안한 생각, 우울한 생각, 외로운 생각, 미운 생각이 들 때 그 생각은 내게 해로운 것이라고 알려주는, 심리학에서 자주 쓰는 기법이다.

'파블로프의 개' 실험은 잘 알 것이다. 개에게 먹이를 줄 때마다 종을 울린 뒤 줬더니 나중에는 종소리만 들려도 개가 침을 흘리더라는 조건 반사를 발견한 실험이다. 먹이를 주는 것과 종을 울리는 것을 동일한 조건으로 받아들여 반복 학습

된 뒤에는 종만 울려도 침을 흘리게 된다.

　나는 손목에 고무줄을 끼워둠으로써 파블로프의 개를 한 마리 키우기 시작했다.

　내가 부정적인 생각을 한다.
　나는 고무줄을 세게 당긴 뒤 놓는다.
　예상보다 꽤 아픈 통증을 느낀다.

　여기서 고무줄 자극은 부정적 생각과 동일한 조건이다. 부정적 생각을 하면 아픈 통증이 온다는 것을 인지하게 만든 조건이다. 즉 부정적인 생각은 날 아프게 한다고 전제하고, 행위와 신경계를 연결시켜 그 행동을 멈추게 하는 것이다. 나쁜 생각은 나를 해치는 것이라고 뇌와 몸이 동시에 인지하게 만들었다.

　나에게는 이 장치가 꽤 효과적이었다. 아주 치명적인 사건에 휘말려 헤어 나오지 못한다면, 현실적인 노력을 해도 바뀌지 않을 일이라면 최대한 빨리 그 생각에서 벗어나는 것이 가장 현명한 선택이다. 이때 고무줄을 손목에 끼운다. 가늘지만 탄성이 있어 제대로 뇌에 신호를 보낼 수 있는 줄로!

미운 사람이 떠올라 화가 차서 숨이 가빠질 때.

설마 그 일이 사실이었을까 하는 의구심에 머리가 터지려 할 때.

존재하지 않는 시선을 떠올리며 혼자 눈치 볼 때.

사람들 눈에 띄지 않는 옷을 고르고 있는 나를 발견할 때.

해야 할 말을 못하고 삼키며 한숨 쉴 때.

남 배려하다 손해 본다고 느낄 때.

좀 전에 만난 사람이 나를 어떻게 생각할까 상상할 때.

심지어 걸어가다 구두굽이 보도블럭에 끼여 신발이 벗겨지고 나서 거리의 모든 사람들이 날 비웃을 것 같은 느낌이 들 때에도.

좌악 ~ 탁!

이 모든 순간에 생각 정지를 외쳤고, 손목 고무줄을 당겼다. 24시간 타인과 세상이 보내는 시선에 사로잡힌 나는 계속 떠오르는 온갖 눈치 보는 생각들을 이겨내 보겠다고 '생각 정지'를 불러냈다.

아무도 날 쳐다보지 않고 아무도 나에게 관심이 없고, 내가 뭘 해도 아무도 끼어들어서 따질 수 없다. 나는 끊임없이 솟아나는 부정적인 생각들에게 이렇게 외쳤다.

나는 정지할 테다.
우선 멈출 테다.
유턴을 하기 위해 속도를 줄이는 중이다!

한 번 자기만의 파블로프의 개를 키워 보길 바란다. 작은 동작인데 그 효과는 의외로 크다.

타인을 평가하지 않는 사람은
자신도 평가하지 않는다

세상과 짝사랑하는 사람들을 만나면 애처로움에 마음 한구석이 아려온다. 분명 티끌 같은 존재에 불과한데 마치 세상과 마주 서서 온몸으로 막고 있듯이 자기 혼자 관심을 느끼며 부담스러워한다. 타인의 시선 속에서 살아가는 것 자체가 스트레스인 사람들이다. 세상은 나에게 관심이 없는데 나만 긴장하고 있다는 걸 깨달으면 좀 편안해지지 않을까?

오늘 점심을 같이한 사람의 구두를 정확히 기억하는가? 왜 그 옷에 안 어울리게 그 구두를 신었을까 하는 생각으로 소중한 오후 시간을 낭비하는가? 아니면 그녀의 명품백이 진짜인지 아닌지 궁금해서 일에 집중이 안 되는가? 그런 일로 자신의 시간을 허비하는 사람은 거의 없다. 너무 쓸데없는 생각이다.

상대방도 나에게 그러하다. 내가 상대방의 일거수일투족을 다 기억하고 신경 쓰지 않듯 상대방도 나를 신경 쓰지 않는다. 그런데 왜 타인의 시선에 나를 가두고 생각하는가? 그것은 일어나지 않는 일이고, 내가 만들어낸 허상이다.

머리로는 이해하고 있음에도 불구하고 나를 지배하는 생각을 벗어나기란 쉽지 않다. 바로 무의식 때문이다. 과거의 나는 의식하지 못한 사이에 내 주변 환경과 사람을 끊임없이 평가하고 점수를 매기고 있었다. 내가 의도하지 않았는데도 벌어지고 있었다.

내 무의식은 늘 타인을 평가하고 그들을 내 눈 아래로 깔보는 것에서 쾌감을 느끼고 있었다. 가을이들은 태생적으로 자기 잘난 맛을 아는 사람들이다. 앞서 쭉정이는 털어내고 알곡만 챙기는 계절이 가을이라고, 그래서 가을이들이 엄격하고 평가내리길 좋아한다고 말한 것 기억하는지?

감각이 예민하게 발달해 있고, 분석하고 정리하는 능력은 본인도 인정할 정도로 탁월하다. 학창 시절 색깔 볼펜으로 중요도를 체크하며 빼곡히 노트 정리를 했던 친구들은 가을이일 확률이 99.9퍼센트이다.

나의 외모나 눈빛, 목소리, 행동 등을 타인이 평가할 것이라고 생각하는 것은 내가 타인의 외모와 눈빛과 미세한 목소리의 변화와 행동을 민감하게 감지하고서 수없이 판단 내리고 정의하기 때문이다. 타인을 평가하지 않는 사람은 나도 평가하지 않는다. 무의식이 지배하는 못된 평가 버릇이 오히려 나를 더 눈치 보고 힘들게 하고 있었다. 그게 나였다.

다른 사람이 내게 많은 에너지와 시간을 쓸 것이라는 근거 없는 억측은 이제 그만해도 된다. 내가 진정 다른 사람을 그렇게 보지 않는데 그들이 나에게 관심을 가질 리 만무하다.

내가 생각을 멈추면 세상도 생각을 멈춘다. 내가 받는 눈치 스트레스는 내가 세상에 준 눈치들이다. 그리고 내가 내게 준 눈칫밥이었다. 눈칫밥 먹여서 자꾸 키우지 않길 바란다.

생각도 실컷 놀아야
잠든다

정말 곁에 두고 싶지 않은 친구가 자꾸 날 찾는다고 생각해 보자. 가까이 하기 싫은데 날 찾고 우리 집에 놀러 오겠다고 하면 당신은 어떻게 하겠는가. 어떻게 하면 가장 빨리 이 친구를 떼어낼 수 있을까? 초인종을 계속 누르는데 계속 밀어낸다고 한들 언제 떨어져 나갈지 모르겠다. 끝없이 찾아올 텐데 들어와서 빨리 놀고 가라고 하자. 그 친구의 이름은 '생각'이다.

예를 들어서 내가 사랑하는 사람에게 전화를 했는데 안 받았다고 가정해 보자. 처음에는 바쁜 일이 있나 보다 하고 잠시 뒤에 다시 해본다. 이번에도 전화를 받지 않는다. 연락이 될 때까지 안절부절못하며 온갖 추측을 할 것이다.

'무슨 일이 있는 건 아니겠지? 아니면 다른 사람 만나고 있는 건 아니겠지? 어디서 뭐 하는데 전화기가 꺼져 있을까? 아까 분명히 일한다고 했는데. 지난번에도 비슷한 일이 있었는데 또 이런 일이 생기네.'

생각이 꼬리에 꼬리를 물고 끝도 없이 이어지다 보면 혼자 만든 세계에 들어가 있게 된다. 일어나지도 않은 일을 상상하다가 엉뚱한 다툼으로 번지기도 한다. 배터리가 방전되었거나 전화기를 회사에 두고 나왔거나 하는 정말 있을 법한 일이 대부분인데도 말이다.

나쁜 생각 혹은 잡생각, 해서는 안 되는 생각이 들어온다 싶으면 그때는 그냥 들어오라고 하자. 여기에서 생각이라는 존재는 아이디어를 발전시키거나 논리를 발견하는 게 아니라 일상에서의 부정적인 면을 일컫는다. 시간이 흐른 뒤에 보면 정말 아무것도 아닌 일이 대부분이다. 원래 별일 아닌 것을 부정적인 생각을 계속 확장시키면서 키우는 양상이다.

다행스러운 것은 고집스럽게 자신의 내면을 들여다보면서 도움이 되나 안 되나에 초점을 맞추면 생각을 금방 멈출 수도 있다는 점이다. 혹여 그 생각에 고집스럽게 깊이 빠지더라도 자신을 절대 비난하면 안 된다. 나를 비난하는 단어는 마음속으로도 하지 말라. 그러면 또 비난하는 쪽으로 생각이 다시 꼬리에 꼬리를 물게 된다.

부정적인 생각이 자꾸 문을 두드릴 때는 실컷 놀다 나갈 때까지 그 생각을 내버려 둬야 한다.

기가 세 보인대,
그래서?

"저는 안 웃고 있으면 사람들이 화난 줄 알고 말을 안 걸어요.
기가 세 보여서 말 붙이기가 힘들대요."
"본인은 그래서 좋아요? 싫어요?"

여성들은 '기 세다'는 말을 들으면 화들짝 하면서 조심스러운 태도부터 취한다. 그런 고민을 털어놓는 사람을 만날 때마다 내가 꼭 물어보는 것은 '그래서 당신은 그게 어떻다는 겁니까?'이다. 본인이 기가 안 세 보이길 원한다는 건지, 아니면

기가 세 보이는 게 싫다는 건지 뚜렷하게 자기가 무얼 원하는 건지 알아야 포스 메이킹을 시도할 수 있다.

'기'라는 게 뭔가. 보이지 않지만 느낄 수 있는 자신만의 영감을 주는 기운이다. 분위기, 색기, 살기, 방랑기, 웃음기, 몸살기 등등 우리는 일상 속에 '기'라는 말을 아주 많이 사용한다. 그 모든 것이 어우러진 종합예술의 결과가 '나'와 '당신'이라는 사람이 아닌가. 기가 세다는 것은 그만큼 자기 색이 분명하다는 뜻이다. 기라는 단어로 분위기가 다 설명되는 것이 신기할 정도이다. 분위기에도 신기에도 기가 있다!

'기가 세다'라는 말과 함께 자주 동반되는 단어는 '누르다'이다. '저 사람 기에 눌려서 어디 살겠냐' 등 더러 기를 부정적으로 해석해 온 문화 때문에 막연히 '기'라는 말에 대한 인식이 나빠진 것이다. 우리나라에서는 오랜 관습으로 여성의 경우 기가 세다는 말이 더 나쁘게 적용된다. 잘 알지도 못하면서 막연한 두려움이 실체를 보지 못하도록 가려버린다. 기가 센 것이 뭐 어때서?

인스턴트 스틱 커피를 탈 때는 물을 적게 부어야 한다. 80밀리리터의 물을 정확히 맞춘다. 일반 종이컵 하나가 물을 꽉 꽉 채우면 184밀리리터인데 그 절반인 90밀리리터 보다 10 밀리리터를 적게 부어 가장 맛있게 탄다. 내가 타 주는 커피를 마시면서 풍부한 향과 함께 맛있다는 만족감을 느끼기를 바라는 애정까지 가득 담겨 있다. 물 80밀리리터를 붓는 데에 계량 기구는 필요하지 않다. 애정으로, 눈으로, 느낌으로, 말 그대로 기를 느끼면서 찾아낸다.

〈생활의 달인〉이라는 TV 프로그램에 온갖 달인들이 나온다. 반죽을 손으로 툭 떼는데 저울로 재면 소수점 한 자리까지 양을 딱 맞춘다. 손으로 한 번 잡았는데 종이봉투가 정확하게 50장인 사람처럼 손이 저울인 사람들이 자주 등장한다. 저울도 없이 감으로 딱 잡아내는 것, 그것이 바로 기다.

화학 실험 과제의 성공은 정확한 측정에 달려있다. 실험 기구에서 떨어지는 마지막 한 방울에 시약의 색깔이 무색에서 빨강으로 변해버리는 것을 시각적으로 반복하면서 작은 변화를 아주 예민하게 잡아내야 한다. 그리고 그 값으로 정확한 수식에 근거하여 농도와 부피를 측정해야 문제를 해결할 수 있다. 한 방울의 0.05밀리리터가 순식간에 변화시키는 그 중화점을 찾아내어야 한다. 팩트가 아닌 그 무엇도 생각하면 안 된다. 다른 것이 섞여 들어가는 순간 결과물은 신뢰를 잃게 된다.

어릴 때부터 나는 화학 과목이 좋았다. 이유는 없다. 대학 전공으로 화학을 선택하게 되었고, 조금씩 영역을 넓혀 공부하게 되면서 자연스레 자리 잡은 생각이 있다. 세상 모든 것은, 보이든 안 보이든 멈춘 존재는 없다는 것이다. 내 눈으로는 볼 수 없지만, 지금 앞에 놓인 사물들 또한 정지된 상태가 아니라는 것을 안다.

과학은 물질문명을 누릴 수 있게 만든 기초 학문이다. 과학에서 변하지 않는 명제 중 하나는 세상의 모든 물질은 '분자'로 이루어져 있다는 것이다. 분자는 핵(+)과 전자(-)로 구성되어 자연의 규칙대로 핵 주변에서 전자들이 끊임없이 움직여 만들어낸다. 마치 태양 주변을 지구와 다른 행성들이 끊임없이 자전하면서 공전하는 것과 똑같다. 미립자의 세계부터 거대한 우주까지 모두 움직이고 있다. 이러한 분자로 이루어진 모든 물질은 자신만의 고유한 움직임을 가지면서 존재한다.

지금 눈앞에 미동도 없는 정지된 책, 그 속의 검은색 글자들 또한 끊임없이 고유한 에너지를 내뿜고 있다. 저자의 생각을 담은 활자가 주는 에너지가 사람들을 감동시키고 변화를 만든다. 책은 시간이 더해지면 공간과 반응을 일으켜 해지고 색이 바래고 변화한다. 그 책을 어떻게 만지작거렸는지에 따라 책의 모양과 느낌이 바뀐다. 그리고 책 속에서 느꼈던 감동도 나에게로 와서 점점 다른 모양으로 변한다. 이것이 에너지이다. 책은 생각의 씨가 되는 힘을 가지고 있다.

이것을 동양에서는 '기'라는 단어로 총칭했고, 서양에서는 '에너지'라고 불렀다. 결국 이 세상 모든 것은 음양의 에너지로, 기로 존재하는 것을 알 수 있다. 이 '기'라는 단어를 단순히 보이지 않는 무언가에 대한 막연한 지칭으로 여겨서는 안 된다.

근거 없는 억측으로 쓰는 단어로 해석하지도 말자. 기를 에너지라는 말로 바꿔 보면 결코 부정적으로만 쓰일 단어가 아니다. "너 참 기가 세 보여."라는 말을 들으면 "너 참 에너지가 넘쳐 보여."로 받아들이면 된다.

나에게서 나오는 분위기는 나만의 것이다. 나라는 고유한 인간이 뿜어내는 유니크한 에너지는 비교 우위의 세고 약한 대상이 아닌 나만의 색깔을 보여주는 것이므로 다른 사람이 세다고 느끼는 것에 연연할 필요가 없다. 그 자체로 고귀하고 강렬한 존재니까.

이렇게 속삭여 보자.

내 존재의 기가 얼마나 소중하고 강렬한지 잘 알고 있어.
다만 나 스스로 나를 더 알아차리고 더 빛나게 하는 방법을
모를 뿐.
다른 사람의 시선에 맞추고 있는 무의식적인 생각들 때문에
나 자신을 있는 그대로 뿜어내면서 살지 못하는 것뿐이야.

내 빛이 무슨 색인지 잘 보고, 잘 다듬어서 기 세게 만들
자! 그 빛이 제대로 나올 때, 내 기로 내 주변 사람을 행복하게
해줄 수 있다.

문을 밀지 않고
당기기

당기세요.
땡겨유.
제발 당기세요.

얼마나 많은 사람들이 밖으로 열리는 식당 문을 밀고 들어가려고 했는지 출입문에 당기라는 말을 호소문처럼 여기저기 붙여놓은 식당을 한두 번 본 게 아니다. 대한민국 사람 대부분이 제대로 못 읽는 단어가 '당기세요'라고 한다.

신기하지 않은가? 한두 사람도 아니고 많은 사람들이 당기라는 말을 무시하고 밀고 들어가려고 하는 게. 어느 쪽으로 열든 문이 열리기 때문에 습관대로 미는 거다. 앞으로 걸어가고 있는 방향의 힘으로 미는 건 당기는 것보다 쉽고 익숙하다. '관성의 법칙'으로 가려던 방향대로 미는 것이 더 자연스럽다.

관성의 법칙은 외부에서 힘이 가해지지 않는 한 모든 물체는 자기 상태를 그대로 유지하려는 것을 뜻한다. 차가 급정거하면 몸이 앞으로 쏠리는 것이나 화장실 휴지를 한 손으로 빠르게 잡아 뜯어내는 것에서도 관성의 법칙을 발견할 수 있다.

모든 사물은 어떤 힘을 가해도 그 자리에 그대로 있으려는 속성이 있다. 살다가 보면 밀어야 할 때가 있고 당겨야 할 때가 있는데 이제까지 해왔던 습관대로 밀기만 한다면? 때로 열리지 않는 문 앞에 서 있는 듯한 소외와 절망, 서러움을 느끼는 순간이 오고야 만다. 아무리 해도 안 된다는 생각에 사로

잡혀 꼼짝할 수 없는 순간적인 느낌.

지금 이 상태에 머물려는 나의 에너지는 얼마일까. 대적할 수 없는 어떤 힘이 가해질 때 나는 얼마만큼의 나로 버틸까. 그때를 위해 자기 디폴트 값을 키워야 하는데, 고유한 자아의 값은 앞으로만 나아가려는 성질도 아니고 주저앉으려는 나약함도 아니다. 그때 발휘되는 고유한 값은 경험이다. 문을 열어봤던 경험.

나는 요즘 카페의 모든 메뉴에 도전 중이다. 늘 익숙한 아메리카노에서 벗어나려고 하나씩 새로운 메뉴를 시켜보고 있다. 커피 한 잔에서도 판에 박힌 습관, 고정된 패턴을 흔들어보고 싶어서이다. 커피 한 잔을 마셔도 돈이 안 아깝게 실패하지 않으려 애쓰던 모습이 아니라 달아서 버리더라도 흑당라떼 같은 것도 주문해 본다. 경험 삼아 재미 삼아 하나하나 도전하다 보니 나는 민초단이 아님을 알았고, 민초단 입맛을 가진 사람이 누가 있나 찾아보기도 했다. 민초를 시켜봤기 때문에 그 맛이 어떤지 알게 되었고, 다음에 민초를 누가 권하면 내 입에 안 맞다고 말할 수 있게 되었다.

지금까지 밀고 나갔던 자기 방식을 잠시 내려놓고 다른 방식을 시도해 보자. 내 내면에 숨어 있는 어떤 야성 같은 것을 발견할지도 모른다.

욕심의 차원을 끌어올리기

어느 날 중견 여성 기업인과 같이 라운딩을 나갔는데 다음 홀로 이동하면서 불쑥 이런 말을 했다.

"신대표, 난 신대표가 해준 말 한마디에 마음이 되게 평온해졌어요."

짐작되는 일이 있긴 했다.

며칠 전 만났을 때 다른 사람이 자기한테 욕심이 많다고 해서 상처받은 감정을 털어놓았다. 내가 그때 이렇게 말했다.

"욕심은 좋은 거예요. 뭐가 나빠요?"

그분은 누가 보면 다 가진 사람처럼 보일 수밖에 없다. 여성으로서 매력적인 외모, 재력, 사회적 성취에 다복한 가정까지 누가 봐도 모자라는 것 없이 다 가졌다.

사람의 공통된 심리 중에 무결한 것을 못 견디는 마음, 완벽한 것을 보면 흠을 찾아내고 싶어 하는 못된 속성이 있다. 잔잔한 호수를 보면 돌은 못 던져도 나뭇잎이라도 하나 띄워서 물결을 만들어 보려고 한다. 아무도 밟지 않은 하얀 눈밭을 보면 발자국을 내고 싶어 한다.

망치려고 그러는 게 아니다. 확인하고 싶어서이다. 무결한 것은 영원한 것인지, 자기가 건드리면 어떤 결과가 오는지 보고 싶기 때문이다.

사람을 대할 때도 좋아하고 싫어하고 그런 감정을 떠나 완벽한 사람을 보면 묘한 심리가 발동한다. 세상은 공평하다, 하느님이 다 주시지는 않는다 등의 말로 상대방으로부터 뭔가 하나를 찾고 싶어 한다. 하나가 찾아지는 순간 자신과 차이가 좁혀지기 때문이다.

"저도 그런 말 많이 들어요. 쟤는 욕심쟁이야. 저렇게 뭐든지 완벽하게 해내는 걸 보면 얼마나 욕심이 많겠어, 이런 말 정말 많이 들었어요. 근데요, 저는 그냥 두려운 나머지 완벽하게 하려고 열심히 했을 뿐이거든요. 대표님도 정말 열심히 사신 결과잖아요."

돈도 가졌고 행복도 가졌는데 욕심 있다는 소리를 들으면 자신이 부정한 이미지로 비친다는 점에서 일단 상처받는다. 흥부놀부전 같은 고전에서 그렇게 가르쳤기 때문일까? 우리는 욕심 있으면 나쁜 사람으로 보는 고정관념이 있다.

"그렇게 말한 분이 어떤 감정의 손상이 있었을 거예요. 네가 잘난 게 나는 기분이 나쁘다. 이걸 욕심 있는 사람이라고 돌려 말한 거예요."

인생은 즐겁고 불편한 것이 저마다 다 다르다. 마치 내 집 앞마당과 옆집 앞마당이 다른 모양이듯. 남의 집 앞마당 모양이 내 앞마당 모양과 다르다고 해서 욕심 있다고 말할 수 있을까.

욕심은 사실 나를 더 좋은 사람으로 만드는 촉매제이다. 내가 생각하는 멋진 사람이 되고자 하는 그 욕심 때문에 행동에 차이가 나타난다. 나는 성적이 잘 나왔으면 좋겠어, 그 욕심이 있으니까 남들 잘 때 공부하는 열정을 가지는 것이다.

"욕심은 아름다운 결과를 향해 나아가는 모습일 뿐이에요. 모든 면에서 최선을 다해 나아가는 중이죠. 욕심이 있으니까 맨날 놀아도 되는데 그러지 못하죠. 머릿속으로 목표를 끊임없이 생각하기 때문에 놀려고 만나도 일을 생각하고 번뜩이는 아이디어를 내는 거 아닐까요? 그 욕심 때문에 사람들이 입을 쩍 벌릴 만큼의 결과를 만들어내고 있는 거라고요."

욕심쟁이라는 단어가 괴롭지 않으려면 욕심의 리그를 좀 올려야 할 것이다. 자신이 추구하는 삶의 가치를 이루기 위한 목표 설정 중에 드러나는 욕망, 노력 이런 것들이 욕심이다. 내가 참 괜찮은 사람이라는 이미지를 갖고 그것을 이루는 데에 필요한 욕심은 얼마든지, 당연히 가져야 하는 것이다. 나는 욕심 있는 사람이 참 좋다. 욕심은 나쁘지 않다.

말하라, 처음 그 단어를
배웠을 때처럼

감정을 표현하기 힘든 사람은 내가 나를 적극적으로 알리기보다는 상대방이 먼저 내 마음을 알아주기를 바라는 마음이 크다. 굳이 나를 드러내지 않아도 사람들이 내 가치를 알아줬으면 한다. 내가 이렇게 잘났는데 잘난 건 말 안 해도 알아줘야지, 하는 마음이 있는데 가만히 있기만 해도 알아주는 관계는 거의 없다. 세상은 표현하는 사람들에 의해 움직인다.

"뭐 먹을까?"

"아무거나."

"오늘은 든든하게 한식으로 먹자."

딱 보면 알지 않는가. 자기 의사를 적극적으로 표현하는 사람이 자기 먹고 싶은 거 먹는 거다. 표현하지 않으면 내가 먹고 싶은 걸 먹을 수 없다.

드라마의 흔한 클리셰 중 하나가 무뚝뚝한 아버지가 평소에 자녀에게 애정 표현을 거의 안 하는 것이다. 이상하게 이건 유럽 영화에도 일본 드라마에도 한국 드라마에도 자주 등장하는 공식이다. 그러다 어떤 사건, 예를 들어 가족 중에 누가 아프다던가, 떠난다던가 하는 사건으로 인해 서로 나중에 부둥켜안고 울고불고 하는 장면이 나온다. 사실은 아빠가 너를 정말 사랑한단다, 이러면서. 왜? 평소에 사랑한다고 말하지 꼭 사건이 있어야 깨닫고 후회한다.

감정 단어를 사용하지 못하는 것은 본인의 내면을 드러내는 것을 부끄러워하고 낯간지러워하기 때문이다. 수십 년을 살아오면서 영어, 상식, 과학까지 모든 과목을 다 배워도 감정 표현을 배운 적은 없다. 국어시간에 시를 외우라고 한 다음에 감상평을 적으라고 한다. 화자가 자연의 아름다움을 노래했다면서. 언제 아름답다고 말해 봤어야지!

아름다움을 느낄 때, 마치 그 단어를 처음 배웠을 때의 어린아이처럼 소리 내어 말해 보자. 감정 단어를 자유자재로 사용할 줄 알게 되면 자기 의사를 어디에서도 분명하게 밝힐 수 있다.

내가 하늘을 보다가 "하늘이 너무 아름다워." 하면 사람들이 쳐다본다. 글 쓸 때나 표현하는 아름답다는 단어를 시도 때도 없이 말로 내뱉는 사람이 흔한 건 아니니까. 그럼에도 나는 이 말을 자주 쓴다. 주변 사람들이 아름답다고 속으로만 느낄 때 소리 내어 말하면 주변인들이 나를 돌아보게 된다. 주목하는 사람이 되는 거다.

사업계획을 거창하게 세우고 팀장이 되고 대표가 되고 그런 사람만 리더를 맡는 것은 아니다. 진짜 힘 있는 사람은 다른 사람들이 느끼는 그 감정을 공감하면서 드러낼 수 있게 해준다. 차마 말 못할 감정까지 드러낼 수 있게 다독이고 끌어주는 사람, 그런 사람들 주변에 사람들이 모여든다.

행복한 사람, 중요한 사람, 친구 많은 사람이 되고 싶다면 자기감정을 잘 드러낼 수 있어야 한다. 부정적 감정은 잘 떠나보내고, 긍정의 감정을 잘 전파시키는 사람은 어려운 일 가운데에서도 잘 일어날 수 있다. 자기 입으로 말하면서 긍정적 에너지를 불어넣고, 그와 동시에 함께 해결할 인맥이 어디서든 나타난다. 그리고 그 기세를 몰아 어려움을 극복하는 것이다.

감정 단어를 잘 사용하려면 자신이 쓰는 단어의 한계를 알아야 한다. 말버릇을 알면 쉽다. 몇 단어만 써 보면 자신이 어떤 사람인지 드러난다.

짜증나.
기분이 별로야.
나 건드리지 마.
화나는 일 있어.
힘들어 죽겠네.

부정적 감정을 드러내는 것에는 익숙한 사람인가? 아니면 이런 말을 자연스럽게 사용하는 긍정의 아이콘인가.

기쁘다.

아름답다.

설렌다.

우아하다.

황홀하다.

즐겁다.

행복하다.

사랑한다.

훌륭하다.

상대방과 부딪히기 싫어서 알아서 피해 가라고 부정적인 감정은 잘 드러내면서 왜 좋은 감정은 먼저 드러내지 못할까. 밖에서 돌아오는 가족이 있다면 이렇게 인사해 보자.

"오늘 행복했어?"

짜증스러운 마음으로 집에 들어오는 사람이 있어도 그 말 한마디에 모든 분위기가 바뀔 것이다.

말하라, 처음 말을 배울 때처럼. 천진난만하게 자기감정을 드러내 보자.

내가 자주 사용하는 감정 단어

얼굴만은 지켜낸다는
각오로 살기

오랜만에 친구를 만난다면 어떤 말을 듣고 싶은가?

어머, 얼굴 많이 상했다. 무슨 일 있어?
얼굴이 활짝 폈네. 무슨 좋은 일 있어?

전자 같은 말을 듣고 싶은 사람은 없다. 설령 무슨 일이 있었어도 다른 사람들이 눈치 못 채길 바란다. '다크 서클이 턱 밑까지 내려왔네?'라는 말은 사양하고 싶다. 무슨 큰일을 겪는 동안 자기 관리를 못한 사람이 된 기분이다.

약국을 운영하는 Y는 오랜만에 만난 친구로부터 별로 듣고 싶지 않은 소리를 들었다.

"너, 돈 벌어서 다 뭐하니. 얼굴도 좀 관리받고 건강도 좀 챙겨. 요즘 개인 피트니스 받는 거 얼마 안 해."

"그치? 종일 약국에 매달려 있으면 내 몸인데 내 몸이 아니다. 약사 가운 입을 때가 제일 편하다."

친구의 말은 집에 와서도 내내 Y의 어깨 위에 들러붙어 있는 것 같았다. 남자친구와 싸우고 연락을 안 한 지 벌써 일주일이 넘어간다. 하루나 이틀 정도 지나면 으레 남자친구가 먼저 전화를 하곤 했는데 이번에는 길게 간다. 말은 안 했어도 결혼할 거라는 암묵적 합의를 했다고 생각했는데 이러다 헤어지기라도 하면 어쩌나 하는 생각 때문에 다른 일은 도통 손에 잡히질 않았다. 화장도 하는 둥 마는 둥, 종일 약국에 있으니 특별하게 차려입을 일도 없어서 대충 청바지에 스웨터를 걸치고 다녔다. 그게 티가 나다니. 그래도 친구 만난다고 꾸미고 나간 건데.

Y처럼 연인과 불화를 겪거나, 장시간 취업 준비를 하거나, 큰일에 몰입하다 보면 대부분 자기 관리가 안 되는 티가 난다. 표정이나 동작에서 티 나는 것도 있지만 덜 꾸미는 것도 있다. 자기 관리가 곧 외모 관리는 아니지만 많은 부분을 차지한다. 인생에 돈이 전부는 아니지만 매우 큰 부분을 차지하는 것처럼 외모는 자기 관리 정도를 드러내는 지표와도 같다.

왜 무슨 일이 생기면 자신을 가꾸는 것에 소홀해지는가. 어떤 힘든 상태에 놓였다면 평소보다 더 세심하게 자신을 살펴야 한다. 나는 지금 상처받은 영혼인데 포장지까지 터지면 안 된다. 어떤 상황에서도 나를 아끼는 걸 멈추지 않아야 한다.

좋지 않은 상황은 충분히 직시하고 젖어 들어 그대로 받아들이고 해결점을 찾을 때까지 숙고하되, 빛나는 외모만큼은 절대 내려놓지 말길. 그런 일로 평생 슬프고 힘들고 지치고 짜증내며 살 것은 아니지 않은가. 힘든 상황이 왔을 때 자기 자신을 아끼고 유지하는 건 쉽지 않다. 힘든 일을 겪으면 신체적으로 약해지는 이유이기도 하다. 그럴수록 빠져나오기 위해 행복한 때처럼 행동해야 한다.

아주 힘든 시련이 아니라도 야근이나 음주로 지쳤을 때, 씻지도 않고 그냥 잤다는 말을 쉽게 하는 걸 보면 그 마음을 고쳐주고 싶다. 너무 힘든데 무슨 씻을 힘이 있어, 회사에서 누가 나를 막 누르는 스트레스를 받고 집에 막 돌아왔는데 그냥 드러눕고 싶지. 나도 그러고 싶을 때가 있다. 하지만 여기서 잠깐 마음을 다시 고쳐먹자.

나는 나를 선택해야 한다. 그 어떤 대미지를 입어도 나는 오늘의 뽀송뽀송한 나를 선택할 것이다. 내일은 다시 건강하고 빛나게 또 예쁜 모습으로 살아갈 것이므로.

심리적으로 힘든 기간 동안 관리를 멈추면 멈춘 만큼 퇴보하는 것이다. 곧 다시 일상으로 돌아갈 건데 며칠 동안의 죽은 기운을 끌고 갈 필요가 뭐가 있겠는가. 마음은 이 힘든 과정을 이겨내도록 지켜봐 주되, 건강과 미모는 꾸준히 습관적으로 관리하는 힘을 가져야 한다. 그래야 회복되고 난 뒤 자기 모습을 보면 잘 지나왔다고 응원하며 미소를 지을 수 있다.

외모를 가꾸는 것은 그 무엇보다 멘탈을 강하게 가꾸는 지름길이기도 하다. 아름다움을 유지하기 위해 움직이는 것은 심리적인 탈출구 역할을 해준다. 긴 시간 다운되어 있을 상황에서도 내가 절대 이것만큼은 양보할 수 없다는 마음으로 열심히 외양을 가꾸면 그 힘든 일들이 시간을 오래 끌지 않고 끝날 수도 있다. 감정이 손상당해 손가락 하나 움직일 기력이 없더라도, 유령처럼 얼굴에 마스크팩을 붙이더라도 지속해야 한다.

또한 힘든 강도가 만약 100으로 왔다면 30은 외양 가꾸는 데 소모하느라 70 정도로 끝날 수 있다. 이런 걸 '평정심'이라고 한다. 어떤 사람은 100의 강도로 오는 일을 50의 강도로 겪어내기도 한다. 그 힘 안에는 외모를 가꾸고 텐션을 유지하면서 일상을 겪어내는 자기 돌봄의 원리가 담겨 있다.

힘들수록 얼굴에 팩 한 장이라도 더 붙이고 마사지도 받으러 다니고 운동을 꼭 해라. 내면은 아무래도 괜찮다. 괴로움에도 총량의 법칙이 있어서 충분히 겪어야 지나가는 법이다. 그 상태에서도 외모와 건강에 투자해 오던 평상시 습관을 지켜내면 그것들이 괴로움으로부터 나를 끄집어내 줄 것이다.

괴로울수록 몸에 집중해 보자. 원래 내 몸에 공들이던 그 에너지를 계속 쏟다가 보면 힘든 일은 힘든 일, 나는 나 이렇게 딱 분리되는 순간이 온다.

얼굴은 내 마음의 그릇이고 몸은 내 영혼의 집이다. 언젠가는 돌아갈 곳이므로 끊임없이 유지 보수 관리해 줘야 한다.

나만의 부스팅 에너지를 찾아라

모든 육아법에서 아이를 예쁜 시선으로 봐주면 그 아이가 예쁘게 큰다고 말한다. 영화 <워낭소리>에 나오는 팔순 넘은 할머니도 남편이 맨날 예쁘다 예쁘다 칭찬해 주는 소리 덕분에 자신이 소녀인 양 살아간다.

우울한 기분이 들 때 누가 "오늘 참 근사하다!"고 한마디 말해 주면 기분이 확 바뀌지 않던가. 시선이 인식을 바꿔준다고나 할까. 좋은 시선을 받으면 어두운 마음의 공간이 점점 줄어들기 시작한다.

좋은 기운을 가지려면 나의 좋지 않은 기운을 빨리 좋은 기운으로 중화시켜 나가야 한다. 다른 사람의 좋은 기를 내가 빨아내지 않아도, 내 기를 털리지 않고 좋은 방향으로 생성해 나가는 방법은 얼마든지 있다.

내가 애용하는 방법은 마사지이다. 힘들수록 내 몸을 정성스럽게 어루만져 주면 큰 위로가 된다.

우리를 행복하게 하는 호르몬은 종류가 많다. 기쁨을 느끼는 엔돌핀, 평안을 주는 세로토닌, 쾌감을 주는 도파민, 편한 잠을 자게 하는 멜라토닌, 일체감을 느낄 수 있는 옥시토신 모두 행복 호르몬에 속한다. 그중에서도 스트레스를 완화하고 긍정적인 기운을 북돋아 줘서 긍정 호르몬이라는 별명이 붙은 것이 세로토닌이다.

세로토닌 분비를 위해 햇볕을 많이 쬐라고 한다. 낮에 나가 걸으면서 햇볕을 받기 어려운 상황이라면 피부 접촉으로 분비를 촉진시킬 수 있다. 자기 몸을 자기가 어루만지는 게 제일 좋지만 여의치 않을 때는 가볍게 관자놀이나 이마를 마사지해 주는 것만으로도 효과를 볼 수 있다.

사람의 감정은 도파민, 노르아드레날린, 세로토닌 세 가지 신경전달물질에 의해서 형성된다고 한다. 도파민은 잘 아시다시피 쾌락을 담당하고, 노르아드레날린은 부정적인 면을 담당한다. 이 둘 사이에 적절한 균형을 잡아서 인간이 감정의 노예가 되지 않도록 돕는 것이 세로토닌 호르몬이다. 그래서 세로토닌 수치가 낮으면 우울증이 나타나기도 한다. 세로토닌 신경이 잘 발달된 사람일수록 평정심을 유지하고 행복감을 지속시키기가 수월하다.

우울할 때 폭식한 다음 며칠 굶느라고 야단법석을 떠는

행동의 비밀은 세로토닌에 있다. 세로토닌이 부족하면 식욕이 늘어난다. 체중을 줄이려면 식욕이 줄어들어야 하고, 식욕을 줄이기 위해서는 세로토닌 분비를 늘려야 한다. 우울할 때는 초콜릿을 찾지 말고 이마를 부드럽게 마사지해 보자.

이 모든 게 알고 나면 하나로 연결되어 있다.

A코스; 스트레스 받는다 → 우울하다 → 먹는다 → 체중이 는다 → 다시 스트레스 받는다

B코스; 스트레스 받는다 → 우울하다 → 마사지를 한다 → 세로토닌 분비를 늘린다 → 대접받은 기분을 느낀다 → 마음이 평온해지면서 자존감이 살아난다

A코스를 선택하는 사람이 되겠는가, B코스를 선택하는 사람이 되겠는가. 그럼에도 우울해서 뭘 먹어서 풀고 싶을 때는 견과류나 바나나, 고기, 치즈 등을 먹도록! 다 세로토닌 분비를 돕는 식품들이다.

그리고 마사지를 받으면 대접받는 기분을 느낄 수 있다. 머리부터 발끝까지 향기로운 오일을 발라줘 가며 정성스럽게 혈관과 세포가 살아나도록 터치해 주면 사르륵 녹는다. 몸도

마음도, 가슴 깊은 곳에서 올라오는 슬픔까지도. 물리적으로 피부나 근육의 촉감을 느끼면 '살아 있구나, 사랑받는구나.' 하는 존재감을 느끼게 된다. 뇌가 존재감을 인식하는 것이다.

마사지는 개인마다 호불호가 갈리고 돈과 시간이 드는 일이기도 하다. 마사지 숍 방문이 꺼려지거나 맞지 않다면 자신의 몸을 어루만질 수 있는 샤워나 스트레칭을 하는 것도 좋은 방법이다. 샤워할 때 피부가 약간 자극되는 까슬까슬한 타월로 가볍게 문지르면 림프가 순환되면서 호르몬 분비로 기분이 좋아진다. 발도 만지작거리면서 종일 내 몸을 지탱하고 여기저기 나를 옮기느라 수고했다고 내 몸에 말을 시켜 보자.

그리고 지하철을 기다리거나 찻물이 끓기를 기다리는 자투리 시간에 머리부터 발끝까지 관절마다 스트레칭하는 방법도 있다. 생각나는 대로 몸 구석구석을 펴고 순환시킨다. 내 몸에 내가 감사하고 있고 몸을 소중히 여기고 있음을 전달해 준다. 마사지와 같은 효과가 있어서 수시로 언제든 쓸 수 있는 방법들이다.

세상살이가 기 빨리는 일들, 내가 기력을 다해 해내야 하는 일들의 연속일 때, 나만의 부스팅 에너지를 끌어올릴 방법을 한 가지씩 개발해서 갖고 있으면 좋겠다. 와인 한 잔이 되었든 땀 흘리는 복싱이 되었든 음악을 들으면서 춤을 추는 게 되었든 그 무엇이든 자신이 좋아하는 한 가지를 가져 보자. 영양제도 챙겨 먹고, 웃을 일도 만들고, 마사지도 받으면서 기운이 솟도록 해보길. 그럭저럭 살 만하다고 느낄 것이다.

한 번은 부캐로
살아봄직하다

　　열심히 사는 것은 이제 더 이상 미덕이 아니다. 누구나 다 나름대로 열심히 사니까 열심히 사는 거 하나로 나를 위안하기는 힘들다. 열심히 산다고 해서 항상 결과가 좋았던 것도 아니다. 어떤 때는 너무 치열하고 열심인 나를 조금은 객관적으로 한발 물러나서 본다.

　　"은영아, 그렇게까지 하지 않아도 돼."

　　아무도 나에게 그렇게 말해 주지 않으니까 내가 나에게

말한다. 그렇게까지 하지 않아도 된다고. 자기 배터리 충전 상태도 잘 모르는데 어떻게 맨날 열심히를 외칠 수 있겠는가.

자아 고갈Ego-Depletion이라는 심리학 용어가 있다. 자아 고갈은 한마디로 의지의 한계가 온 상황을 일컫는다. 자신을 통제하고 관리하는 것은 생각보다 많은 에너지를 필요로 한다. 과중한 업무, 높게 설정한 목표, 무리한 재테크 등등 우리는 의지로 달성할 수 없는 일을 수도 없이 설정하고 통제하려 든다. 그 틈바구니에서 한계에 부딪히면 자아 고갈 상태로 진입하게 된다.

이런 상태, 정말 내가 하고 싶은 일과 해야만 하는 일 사이에서 갈등 해결사로 적절하게 사용할 수 있는 것이 부캐가 아닐까. 원래 부캐는 게임용어이다. 게임에서 본캐릭터를 더이상 키울 필요가 없거나 다른 계정이 필요할 때 부캐릭터를 만든다. 한때 열풍이 불어서 너도나도 부캐를 만들어냈다.

자신이 자신으로 살아가는 일에 한계를 느낄 때, 이 일이 제발 내가 한 일이 아니길 바랄 때 부캐를 불러내는 일은 상당한 도움이 되는 것 같다.

내 경우에는 그것이 '오토바이 언니'였다. 나는 헬멧을 쓰는 그 순간 부캐가 불려 나온다. 자전거도 잘 못 타면서 오토바이에 처음 도전했을 때 이 정도라도 타게 될 것을 기대하기 힘들었다. 14년간의 뒷좌석 탠덤 경험이 도움이 되긴 했지만 직접 오토바이를 모는 것은 전혀 다른 이야기이다.

긴 시간 뒷좌석에 오르내리면서 운전석 발에 브레이크가 있는 것도 몰랐다. 놀라웠다. 14년간 단 한 번도 보지 못했다는 것이.

인생도 자기가 직접 운전을 해봐야 엑셀이 어디 있는지 브레이크가 어디 있는지 아는 게 아닐까. 나는 오토바이를 타기 시작하면서 정말이지 인생의 깨달음을 얻어 가고 있다.

오토바이를 탈 때 헬멧 아래로 보이는 긴 웨이브 머리는 내 심벌이다. 커트를 하고 싶다가도 이 욕심에 하지 않는다. 헬멧을 벗을 때 "여성 라이더예요." 하고 티를 내면 시선이 모이는 그 소소한 쾌감을 놓치고 싶지 않다. 아직도 완벽하게 잘 타진 못해서 주차할 때 실수할까 봐 구석에 가서 조용히 할지라도 긴 머리는 휘날리고 싶다.

인생을 부캐가 되어 바라보니 라이더 시각으로 새롭게 해석할 수 있는 게 보였다. 차를 타고 다닐 때는 오토바이는 툭 하면 서는 줄 알았다. 그러나 실제 해보니 오토바이 제동

거리는 짧지 않았다. 어떤 문제를 겪을 때마다 내 짐작으로 짧은 제동거리로 나를 돌려세우려 한 것은 아닐까. 멈출 때를 알고 충분히 감지한 다음 시간을 갖고 멈춘 뒤 충분히 심호흡을 한 다음 출발하고 있을까. 무엇보다 안전을 중시해야 하는 오토바이 위의 나처럼 지금까지 내 인생을 돌봐 오고 있었던가. '오토바이 언니'는 인생에 대한 여러 가지 관점을 재점검할 수 있는 기회를 만들어 주고 있다.

라이딩에서 또 하나 중요한 것은 시선 처리이다. 나의 '테나'는 내가 보는 대로 간다. 내 오토바이 애칭이 테나이다. 테나의 눈이 내 눈이다. 모든 운동에서 시선을 어디에 두느냐에 따라 몸이 반사적으로 반응하는 것과 똑같다. 나의 시선이 테나의 움직임이 된다는 것을 절대 잊지 않는다.

오르막길 코너를 돌 때 빨리 시선 처리를 하지 않으면 절벽을 향해 가는 경험을 한다. 심장이 쫄깃해지는 순간 재빠르게 고개를 돌리고 살아나온다. 내 안전과 목숨이 달린 일이라 왕초보일 때는 라이딩이 극기 훈련이었다. 지금도 그리 다르지 않지만.

내 시선이 내 삶의 목표를 정확히 바라보고 있는가 점검해야 한다. 엉뚱한 곳을 바라보고서 열심히 운전하면 사고가 난다. 내 목표를 제대로 바라보고 시선을 계속 던지면서 진행해야 한다.

시야를 넓게 멀리 두지 않으면 맨몸으로 선 도로에서 아무것도 나를 보호해 줄 것이 없다. 바로 앞차는 물론 저 멀리 보이는 세 번째 신호등까지 볼 수 있을 만큼 다 봐야 한다. 도로의 모든 상황을 파악할 수 있을 만큼 넓게, 멀리 봐야 한다. 시야를 넓힌 만큼 일어날 일을 예측하고 움직일 수 있다. 이것을 의식이 아닌 무의식이 할 수 있도록 습관으로 만들어 놓아야 안전한 라이딩을 하게 된다.

내 인생도 지금 이게 다가 아닐 거야. 멀리 보자. 명확하게 상황을 예측하고 내 일을 해 나가자. 은영아.

어쩌면 나는 마흔둘에 오토바이를 타고서부터 어른이 되어가고 있는지도 모른다. 탠덤을 하던 인생에서 스스로 라이딩을 하는 인생으로.

부캐는 페르소나의 동일한 형상이다. 내가 표현하고 싶은 이미지, 그 어떤 것을 상상해도 그 이상인 나. 부캐라는 설정 덕분에 '원래의 나'라고 정해 놓은 모습이 아닌 다른 성격과 목소리로 살 수 있는 기회를 얻었다.

'페르소나'는 또 다른 나를 만들어내고 싶은 장치이고, 그 장치 속에서 나의 일부가 새롭게 탄생한다. 그것 또한 나 자신이다. 페르소나는 거짓의 가면이 아니다. 내 삶의 일부이고 내가 가꾸어가고 있는 내 모습이다.

SNS 계정을 여러 개 오픈하는 사람들을 보면 쉽게 이해할 수 있다. 각각 계정은 일상의 나, 판매하는 나, 제품 소개하는 나, 맛집 찾는 나 등등 다양하게 설정된다. 여러 계정을 가져 본 사람들은 그 모든 것이 자기 자신이고 자기 책임 아래 있음을 안다.

내가 되고 싶은 모습, 이루고자 하는 이미지가 있으면 끌어내 보자. 나의 다른 나, 부캐를 설정하는 것은 분명 자기 포스를 발견하는 지름길이 되어줄 것이다.

혼자 시간을
보낼 줄 알아야 한다

내가 아는 성공한 사업가들은 대부분 사업이 어려웠을 때 살아남은 방법은 오직 하나였다고 얘기한다. 마음의 근육이 녹아서 심리는 위축되어 있지만 몸의 근육이 남아 있으니 움직이게 되더라는 것이다. 몸이 재산이라는 말은 기업가나 일용직 노동자나 모두에게 똑같이 적용된다. 제련을 통해 더욱 단단해지는 철강의 원리처럼 인생의 바닥에서 위로 올라온 사람들은 자신을 단련하고 또 단련하면서 마침내 그 자리에 오른 사람들이다.

등산은 자신을 혹사하면서 언제나 얻을 게 있는 운동이다. 산을 오르다 보면 너무 힘들어서 아무 생각도 나지 않는다. 숨이 멎을 것 같은 육체의 고통이 어둡고 우울한 마음을 쫓아내 버리고 오직 내 숨소리만 존재하는 느낌을 준다. 그러면서 묵묵히 오르다 보면 자기도 모르게 풍경이 눈에 들어온다. 푸른 하늘, 맑은 새소리, 꽃향기, 아스팔트가 아닌 산길의 경사, 어쩌다 맛보는 야생 열매 등등. 내가 가진 본연의 오감을 다 불러내는 곳이 산이다. 단순한 근육의 힘으로 산을 오르지만 오감을 열어주는 자연과의 만남 덕분에 자연스럽게 치유가 된다. 등산을 하면 숨만 쉬어도 마음이 낫는다.

사업 실패를 겪은 기업가들이 6개월만 운동하면 재기할 힘을 스스로 얻게 된다고 한다. 영혼이 담긴 내 몸 상태가 온전하면 무슨 힘으로라도 일어나게 된다는 것이다. 단정한 몸을 가진 상태에서는 흐트러진 마음을 먹기가 더 힘들다.

행복해서 웃는 게 아니라 웃으니까 행복하다는 말도 있다. 나는 그 웃음의 의미를 얼굴 근육 그 자체로 해석한다. 마음의 꼴은 육신의 꼴을 벗어나지 않는다. 계속 웃어서 생긴 자연스러운 주름과 미소, 표정을 지으면서 어떻게 나쁜 생각을 할 수 있겠는가. 상대방의 표정이 내 거울이다. 내가 웃고 있으면 상대방도 웃는다. 마음의 근육과 몸의 근육은 일치한다는 걸 명심하자.

등산을 비롯한 취미생활이 꼭 필요한 이유는 또 있다. 취미가 있는 사람은 의존성이 적다. 나는 사실 마흔 살이 될 때까지 남편 쪽으로 45도 기대어 있던 사람이었다. 아이 둘 키우는 엄마와 경력단절 여성, 이 두 줄 말고는 나를 설명할 다른 게 아무것도 없었다. 마치 눈은 불 꺼진 아궁이처럼 광채 없이 죽어 있었고, 몸은 껍데기만 유지한 채 날로 말라갔다. 남편이 매달 주는 생활비는 부족함이 없었지만 그 돈이 내 돈 같지가 않아서 써도 써도 헛헛한 마음은 채워지지 않았다.

그런 내가 취미라는 걸 가지면서 다른 인생의 문을 열었다. 어릴 적 무용을 오래 한 기억으로 살사에 호기심을 갖고 배우기 시작했고, 오토바이를 타면서 인생을 보는 관점을 바꿔나갔다.

자기 취미가 있다는 건 가족이나 남편, 아이로부터 자신을 떼어낼 시간을 가질 수 있다는 뜻이었다. 그러다 보니 취향도 알게 되고 누가 곁에 없어도 불안하지 않고 행복한 시간을 보낼 수 있게 되었다.

골프도 좋다. 처음에는 예쁜 옷이 입고 싶어서 골프를 시작했다. 사업을 하려면 골프를 쳐야 된다는 말은 허세 부리는 소린 줄만 알았다. 시작하고 보니 골프는 정말 우리나라에서는 인간관계의 수단으로 많이 활용되는 운동이었다.

골프 인연으로 한창 어려울 때 사업에 도움을 받고 잘 풀리기 시작했다는 사업가들도 여럿 보았다. 뭔가 답답한 지경에 이르면 골프 인연들이 서로 해법을 알아봐 주는 거였다. 어려움에 처했을 때 운동은 내 몸을 지킬 뿐만 아니라 사실은 나의 인간관계를 지켜주는 도구가 되기도 한다.

가끔 미혼인 후배나 직원들에게 이런 말을 하곤 한다.

"나중에 혼자 있어도 충분히 행복할 수 있는 사람이랑 결혼하렴."

나는 그러지 못해 좌충우돌하며 힘들어했고 그럴 때마다

남편도 함께 힘들어했다.

나의 가장 친한 친구는 내가 되어야 한다. 옆에 누가 없어도 되는, 서로 의존하지 않는 각자 행복한 사람이 되면, 결혼을 해서도 남편으로 아내로 존중하고 존중받으면서 행복하게 살 수 있다.

타인에 대한 의존도가 높아 혼자서는 아무것도 못하는 사람은 자신도 타인도 생기를 잃게 만든다. 나이 들수록 취미는 가장 필요한 시간여행 도구가 된다. 무언가를 하는 동안의 그 행복한 감정, 무아지경에 빠지는 몰입의 순간이 그 어떤 명상이나 마음 훈련보다 더 도움이 될 때가 있다.

내가 좋아하는 것이 있어요라고, 취미가 무엇이라고 말할 수 있다면 좋겠다. 나 혼자 있어도 좋아하는 것이 있다는 그 비밀스러운 즐거움을 누리면서 살고 싶다.

운동은
삶의 필수 요소이다

해외에서 활약하는 스포츠 스타를 보면 머리가 좋다는 생각이 든다. 종일 연습과 훈련에 매진하면서도 언어는 언어대로 교육을 받아 외국 매체들과 거침없이 인터뷰를 해낸다. 단체 종목일 경우 팀원과 협응력이나 경기를 풀어나가는 판단력, 코치진들과 관계성 등이 종합되므로 오래 해외에서 활약한다는 건 그만큼 뛰어나고 명석하다는 뜻이다.

엄마들이 아이들에게 가장 해주고 싶어 하는 것 중에 하나가 두뇌개발이다. 머리가 좋아진다는 레고나 체스, 바둑 같은 학원도 국영수 못지않게 많이 보낸다. 총명탕이나 홍삼 같은 건강보조 식품도 먹여보고 온갖 노력을 다 기울인다.

그런데 더 중요한 두뇌개발 비법은 사실 다른 데 있다. 몸을 움직이는 운동이다. 몸이 깨어나지 않으면 뇌도 깨어나지 않는다. 이걸 잘 보여주는 것이 영유아들의 신체 발달 지표이다.

사람의 모든 감각은 감각기관에 의해 감지되는 것이 아니라 뇌에서 계산된다. 감각이 자극되면 뇌에 감각 정보로 전달된다. 그러면 뇌는 다시 조합해서 어떤 동작을 하라고 끊임없이 명령한다.

뇌의 전 영역이 고루 발달하는 시기인 만 0~3세에는 주로 정서와 감정 발달이 많이 이뤄진다. 만 3~6세에는 인간성,

도덕성, 종교성과 관련 있는 전두엽의 발달이 많이 이뤄지므로 인성 발달을 위한 활동을 중점적으로 하게 된다. 이 시기에 어린이집이나 유치원에 가서 단체생활을 하는 이유가 여기 있다. 보고, 듣고, 만지는 등 직접 자신의 감각을 통한 체험활동을 통해 한 사람으로 성장하는 것이다.

나이 드신 분들은 신체활동이 둔해지면 치매 검사를 해 보라고 한다. 뇌가 명령을 제대로 내리지 않으면 신체활동을 할 수 없으므로 노인들에게는 중요한 신호라고 한다.

그럼 우리는? 몸을 끊임없이 움직이고 운동해야 하는 이유가 바로 여기에 있다.

2017년, 내게는 말 못할 일들이 줄지어 총출동했다. 연초부터 일상을 뒤엎는 일들이 많이 일어났고, 그 나이에 질풍노도의 시기를 맞이하고 있었다. 사춘기를 겪지 않은 것은 자랑이 아니라 겪어야만 하는 일이었다. 배밀이를 해야 일어설 수 있는 것처럼. 결국은 마흔 살 문턱을 넘으며 '지랄 총량의 법칙'을 맛보고 있었다.

그래도 건강하게 당시 긴 터널을 지나올 수 있었던 것은 '운동' 덕분이다. 막바지 터널 출구가 보이는 지금도 운동을 잡고 있다.

나이가 들면 어르신들은 왜 산으로 갈까 이상하게 생각했는데 나도 산에서 회복을 해냈다. 눈만 뜨면 등산화를 신고 관악산에 올랐다. 주로 과천 쪽에서 오르는 돌산 코스를 택했다. 바윗돌을 타고 올라가다 보면 몸 전체가 자연스럽게 스트레칭이 되고 모든 근육을 움직이게 된다. 다양한 생김새의 바윗돌에 내 몸을 붙이고 힘의 균형을 이뤄야 산을 탈 수 있었다.

말도 하지 않고 묵묵히 산을 올랐다. 진땀을 흘리고 정상에 올라 시원한 바람을 맞이하고 하늘빛을 보는 순간이 더없이 좋았다. 그렇게 어려운 시기를 극복해 나갔다.

시간이 허락하는 대로 한강으로 뛰어갔다. 비록 내 처지가 곤혹스럽다 할지라도 한강에 가면 전 세계 최고 도시에 살고 있다는 기분을 갖게 해줬다. 한강이 좋았다. 패들보드를 하나 꺼내 들고 마냥 노를 저었다. 청담대교까지 내려가서는 둥둥 떠서 하늘을 바라보고 누워 있었다. 지나가는 지하철을 향해 손을 흔들면 우연히 나를 발견한 사람들이 손을 흔들며 나를 구경했다.

노를 저으면서 노 움직임에 변하는 물살 방향, 비 온 뒤 더욱 거세지는 물살, 삽질하듯 물을 밀어내는 동작, 내 옆구리 근육의 움직임 등등을 느끼면서 시간을 보냈다.

4시간 동안 한강에 떠 있었던 적도 있다. 청아했던 강물이 시커먼 바다처럼 깊게 느껴졌던 그날 내 마음이 한강처럼 깊고 험악했던 그날, 그 물로 빠져버리고 싶은 마음이 무서워서 후다닥 노를 저어서 빠져나오기도 했다.

살다 보면 쉽지 않은 때가 있다. 누구에게나 고통은 내용만 다를 뿐 모두 100의 완전한 고통이다. 그때 나를 살린 것은 몸의 움직임이라는 것을 기억하고 철저히 지키고 있다.

정신이 안드로메다로 갈 때, 모든 것을 제쳐두고 운동화 끈 매고 집 문을 열고 나와 버린다. 그냥 뛰자. 뛰다 보면 달라져 있다. 작게라도 달라져 있다. 그거 하나 잡고서 또 하루 지낼 힘을 내고 버텨 보는 거다.

어느 순간에도 운동이 답이다.

자기 부정을 막아주는 질문

1 곤란한 일이 생겼을 때 어떻게 대처했는지 떠올려 보자.

....

2 나를 믿고 따르는 사람들은 누구인가?

....

3 관습에 얽매이지 않고 자유롭게 할 수 있는 것을 떠올려 보자.

....

4 지금까지 가졌던 직함을 떠올려 보자. 직함이 없다면 갖고 싶은 직함을 떠올려 보자.

....

5 내 인생에서 나의 지위나 직업은 어떤 의미인가?

....

6 지금 나에게 가장 중요한 것은 무엇인가?

....

7 내 인생의 정점은 어디인지 떠올려 보자.

....

8 지금까지 살면서 가장 잘한 일은 무엇인가?

....

9 현재 내가 갖고 있는 재능을 필요로 하는 곳이 있는가?

....

10 지금까지 나를 지탱한 철학, 관점, 비전, 명언들을 다 떠올려 보자.

....

3장

자기 포스
연출법

자기 체질을 알면 이해할 수 없었던 생각과 행동의 해답이 보인다. 피해야 할 컬러와 자주 사용할 만한 향기까지, 유익한 습관을 만들고 올바른 결정을 내리며 건강한 생활을 할 수 있도록 멋진 자신을 연출하는 법을 알아보자.

심장은 날카로운 이성보다
늘 더 먼 곳을 내다본다.

- 빅터 프랭클 -

나는 나의 모든 것을
선택할 수 있다

목소리도 훈련하면
바뀐다

　　　　　　　　　　　우리는 감정이 무너질 정도로 화가 나면 말문부터 닫는다. 기가 막히고, 목소리가 안 나오고, 목이 잠겨서 말문이 막혔다고 표현한다. 왜 감정이 무너지면 목소리부터 감출까. 얼굴은 억지로라도 웃을 수 있지만, 목소리까지 가식적으로 웃을 수 있는 사람은 드물기 때문일 것이다. 보이지 않지만 얼굴보다 더 성격을 잘 드러내고 감정을 보여주는 게 그 사람의 목소리이다. 목소리는 숨길 수가 없다.

　　전화 통화를 떠올려 보자. 전화를 걸기 전에 지금 낼 수 있는 가장 정돈된 톤을 준비할 것이다. 비록 얼굴도 안 보이고 기계로 전달되지만 상대방의 반응을 기대하면서 자기 목소리를 가다듬는다. 서로 목소리를 통해 기분을 느끼며 응대한다. 얼굴을 보고 있지 않아도 내가 웃으며 말하면 상대방도 자연스레 웃으며 말한다. 목소리 거울효과도 얼굴 거울효과 못지않다.

목소리는 빛보다 빠르게 사람의 마음을 강타한다. 시각 반응속도는 0.17초이고, 청각 반응속도는 0.13초라고 한다. 빛은 소리보다 빠르지만 뇌에서 시각정보를 처리하는 데 시간이 좀 더 걸리면서 소리가 더 빨리 전달되는 것이다.

아침 출근길에 어떤 사람이 어깨를 치고는 사과도 없이 쌩하고 지나가 버렸다고 하자. 하루 시작부터가 조짐이 좋지 않다고 느끼며 불쾌해진다. 회사 동료는 내 퉁명한 목소리에서 무슨 일이 있음을 알아차린다. 나도 모르게 '지금 기분이 별로야.'라는 신호를 내보내어 동료가 알아차리고 위로나 따뜻한 말을 건네주길 바란다. 다시 평상심으로 돌아오고 싶은 기분을 목소리에 실어 내보내는 것이다.

그 어느 것보다 가장 빨리 감정이 전달되는 도구는 가히 목소리라고 할 수 있다. 이미지 시대라고는 하지만 목소리 경쟁력은 외모 경쟁력보다 더 강하다.

배우 수애는 청순한 외모와 중저음의 목소리, 중저가 옷도 명품으로 오해를 사는 패션 연출력 등으로 현재까지도 많은 사랑을 받고 있는 배우이다. 그녀가 2010년 청룡영화제에서 여우주연상을 수상할 때 당시 사회를 보던 배우 김혜수는 "아름다운 배우에서 힘 있는 배우로 도약하고 있습니다."라고 전했다. 그 말은 곧 자신만의 포스를 만들어가고 있다는 뜻이 아닐까. 아름답다는 수식어는 모든 여배우에게 붙일 수 있으나 힘 있다는 수식어는 선뜻 붙이기 어려운 수식어이다.

특히 그 목소리는 가냘프거나 하이톤의 여배우들 목소리 가운데 단연 돋보이는 매력적 무기가 되었다. 외향에서 풍기는 여성스러움과 달리 조용하고 단호한 어조는 듣는 사람으로 하여금 의외성을 불러내 집중하게 만든다. 고유한 음색이 수애라는 배우의 포스를 완성시키는 중요한 요소라고 해도 틀린 말이 아닐 것이다.

목소리는 들이마신 들숨의 공기가 성대를 통과하면서 내는 진동일 뿐인데 어떻게 이런 고유한 감정과 기운이 실리는 걸까. 목소리는 호흡으로 들이마신 공기, 공기의 양, 성대의 움직임, 입속 공간의 모양이 조화를 이루어 입 밖으로 뿜어져 나올 때 입술로 마지막 조형을 해서 만들어진다. 이 모든 것이

시시때때로 미세하게 달라지기 때문에 하루에도 수십 번 변하는 감정을 목소리를 통해 느낄 수 있다. 감정과 밀접한 연관이 있을 수밖에 없다.

　남성과 여성의 목소리는 대략 구분이 가능하다. 남성의 성대는 굵고 긴 편에 비해 여성의 성대는 상대적으로 얇고 짧다. 같은 현악기여도 첼로에 비해 바이올린 줄이 가늘어서 가볍고 빠른 소리가 나는 것처럼 여성은 더 가볍고 빠른 소리를 낸다.

　헬륨가스를 마시고 말하면 평소와 소리가 다르게 나온다. 헬륨가스로 채운 풍선이 금세 하늘 높이 떠오르는 것은 공기보다 가볍기 때문이다. 공기보다 가벼운 기체가 기도로 들어갔다가 빠져나오면서 성대를 통과할 때 아주 가볍고 빠른 진동이 생기고 이 진동이 목소리를 변형시킨다. 성대모사를 잘하는 사람은 소리를 내는 이러한 과정을 유심히 관찰하고, 반복하고, 훈련하면서 원하는 대로 조절하는 능력을 향상시킨 사람이다.

　간단한 원리를 알고나면 목소리도 훈련해서 의지에 따라 얼마든지 바꿀 수 있다. 정확하게 말하자면 음색을 가꿀 수 있다. 이미지보다 중요한 목소리 경쟁력을 감정과 의지, 마인드

컨트롤로 갖출 수 있다니 얼마나 다행인가.

그렇다면 어떻게 원하는 목소리를 훈련할 수 있을까.

첫째, 목소리는 내 마음의 색깔이라는 것을 명심하자.

목소리 조형의 기본은 진동이고 이는 기본적으로 몸을 울려서 나오는 것이다. 몸 상태와 지금 기분 등을 종합해서 내 뇌가 나에게 내리는 명령이다. 포커페이스는 가능해도 포커보이스는 불가능하다. 얼굴은 성형할 수 있어도 목소리를 성형할 수는 없다. AI 기술이 좋아져서 내가 원하는 목소리를 가질 수 있다고 하지만 그건 어디까지나 녹음을 하거나 기계를 거칠 때 그렇고, 실제 목소리는 내가 훈련하지 않고는 안 바뀐다.

목소리를 지키려면 감정 훈련이 선행되어야 하는 이유가 여기에 있다. 내 감정이 내 목을 타고 바깥세상으로 문을 열고 나오는 게 목소리이다. 목소리 훈련에 필요한 것은 기술이 아니다. 마음이다. 지나치게 큰 목소리, 지나치게 흥분된 목소리는 듣는 이로 하여금 경계심을 갖게 한다. 반대로 잘 들리지 않을 정도로 힘없고 낮은 목소리는 상대방으로 하여금 의구심을 유발시키기도 한다. 자기 마음이 어떤 상태인지 잘 파악하지 못하거나 감정 제어가 안 되면 목소리는 날것의 나를 그대로 세상 밖으로 내보낸다.

어떤 짜증나는 일로 한창 독이 올라 있는데 갑자기 전화가 온다면 어떻게 해야 할까. 나는 그 순간 지킬 앤 하이드처럼 변해서 전화를 받는다.

"네~ 그동안 잘 지내셨어요!"

봄날 벚꽃 잎이 날리듯 살랑살랑 웃으며 말한다. 이상한 사람으로 비칠지 몰라도 그런 것이 훈련이다. 내 감정을 감추고 상황에 맞게 응대하기. 내가 어떤 상황인지 모르고 전화했는데 나의 나쁜 감정 속으로 상대방까지 끌어들일 필요가 뭐가 있겠는가. 괜히 전화했다가 불똥 튀었다고 생각할 것이다.

근 10년 동안 나한테 전화한 사람 중에 '솔' 톤이 아닌 신은영 목소리를 들은 사람은 없다. 평소의 차분하다 못해 처진 텐션을 올려주려고 철저하게 훈련했다. 헤어 나오기 힘든 어려움에 처해 있다 해도 목소리만큼은 생동감과 유쾌함과 사랑스러움을 담으려 노력한다. 내 상황을 속이겠다가 아니라, '나 힘들어.' 하고 티 낼 필요는 없다는 생각에서이다.

둘째, 입을 자주 크게 움직이자.

나는 폐가 약해서 수영 수업은 늘 꼴찌이다. 숨이 차서 가다가 자꾸 멈추게 된다. 호흡은 짧고, 들어오는 공기의 양은 적다. 겨우 숨을 들이 마시고 내뱉는 형편에 큰소리로 대화하는 것은 어려운 일이었다. 여느 소음인처럼 목소리가 아주 작아서 뭐라는지 알아들을 수가 없어 답답할 정도였다.

하지만 나는 큰 목소리를 원했다. 친구들과 웃고 떠드는 시간에서 오는 행복을 중요하게 생각했기에 목소리를 더욱 키우고 싶었다. 다행인 건 입이 크다는 것. 그래서 들어온 공기가 내 입안에서 돌다가 입술 밖으로 나가는 것을 자세히 느껴보기 시작했다. 입을 '아' 하고 크게 벌리고 목운동을 자주 했다. 보기 흉측할지 몰라도 입술을 자주 다양한 모양으로 움직여 줬다. 그냥 틈틈이 했다.

공기가 목을 타고 나와서 입안을 채우고, 혀와 치아에 머무는 순간을 상상한다. 공간을 넓게 확보하려면 목과 입의 근육이 긴장하면 안 된다. 즉 몸 전체가 좀 여유 있게 릴렉스 되어야 말을 듣는다. 결국 마음으로 돌아가는 이야기이지만, 거꾸로 입 근육을 풀고, 목을 돌리고, 스트레칭을 해서 내 마음의 근육도 이완시켜야 한다. 마지막 관문은 입술을 다양하게 움직이는 것이다. 되도록 볼 근육을 올려서 웃는 입꼬리를 만들면 좋다. 발화되는 음성도 웃는 통로로 빠져나갈 수 있게!

소리가 먹히거나 사라지지 않고 상대에게 날아가 꽂힌다고 상상하며 연습한다.

지금의 내 목소리는 오랜만에 만난 사람들이 깜짝 놀랄 정도로 다른 소리를 내고 있다.

셋째, 웃으며 말하자.

얼굴에만 표정이 있는 게 아니다. 웃는 얼굴에 침 못 뱉 듯, 웃는 음성에 사람들은 정말 친절해진다.

요 근래에 급하게 사무실 구조를 바꾸는 인테리어 공사 를 하게 되었다. 촉박한 기한 탓에 인부들이 고생하고 있었다. 짜증이 가득한 얼굴을 보니 내 잘못인 것 같아 마음이 움츠러 들었다. 하지만 용기를 내어 하이톤으로 "안녕하세요!"라고 웃으며 큰소리로 인사하니 가라앉은 것보다는 훨씬 나은 분 위기로 바뀌었다. 미소를 지은 얼굴 근육이 만들어내는 소리 는 다르다. 참 기분 좋은 소리가 난다.

매일 아침 피부톤을 정돈하고, 예쁜 립스틱 색을 골라 매 력을 발산하는 것처럼, 내 목소리를 정돈하고, 나만의 색깔을 입혀서 주변을 환하게 밝혀보자. 처진 입꼬리를 올려서 소리를 내려고 조금씩 노력해 보길 바란다. 퍼스널 컬러를 찾아내듯 목소리에 자기만의 색깔을 입히는 거다. 오늘의 목소리를 선택하면 오늘의 감정도 선택할 수 있다.

패션은
나만의 창작 예술품이다

여자에게 패션은 그날의 창작 예술품이자 대체 불가능한 힐링 도구이다. 일단 아침에 입고 나간 옷이 마음에 안 들면 그날 하루는 없는 날이다. 회의나 미팅을 위해 챙겨 입은 정장에 구두까지 신경을 곤두세워야 하는 차림새라면 저녁에 녹초가 되기 쉽다. 발랄하게 연출하고 싶어서 캐주얼하게 입고 나갔는데 집에 있다가 나왔냐는 소리 들으면 포스는 고사하고 패션 문맹인이 된 기분이 들 것이다.

특히 비즈니스나 사람을 소개받는 자리에서 첫인상을 좌우하는 건 패션이기에 몹시 신경이 쓰일 수 밖에 없다. 첫인상의 기회는 딱 한 번뿐인데다 아주 빠르게 순간적으로 각인되기까지 한다. 나쁜 첫인상을 긍정으로 바꾸기란 쉽지 않다.

첫인상은 대부분 시각적 요소로 결정된다. 메라비인meh rabian의 법칙이란 게 있다. 캘리포니아대학교 심리학과 명예 교수인 앨버트 메라비언이 발표한 심리학 이론인데, 처음 누군가를 만나면 55퍼센트의 시각, 38퍼센트의 목소리, 그리고 7퍼센트의 대화로 상대를 파악한다고 한다. 첫인상에서 시각적인 효과가 얼마나 큰지 알려주는 이론이다. 중요한 미팅일수록 만남의 성격, 전달해야 할 이미지와 메시지를 패션에 담아야 한다.

소셜클럽 〈다이아마인드〉 주얼리 런칭을 위해 플랫폼 기업 대표이사를 처음 만나는 날이었다. 감각적이고, 대담하고, 무게감이 조금 가미되면 좋겠다고 생각했다. 비즈니스 파트너로서 신뢰감을 주고 싶었다. 그래서 그날은 보랏빛 슬랙스 수트를 택했다. 슬리브리스 조끼를 통해 드러나는 긴 팔이 다소 과감해 보일 수는 있지만, 가장 좋아하는 옷이기에 입을 때마다 자신감을 올려주는 옷이다.

보라색은 굉장히 소화하기 어려운 컬러이다. 과거에는 유럽에서 황제나 귀족만 쓸 수 있는 색깔이었다. 천연염료로 보라색 천을 만들려면 엄청난 돈과 인력이 필요하다 보니 최상류층에서만 쓸 수 있었다. 우아함과 고급스러움을 상징한다. 전쟁에서 승리한 개선장군만이 보라색 망토를 걸칠 수 있었다. 그런 상징이 드러나도록 보라색 수트를 선택해 활동성과 결단력을 보여주려고 했다. 나도 개선장군처럼 의기양양하게 돌아오리라!

이렇듯 매일매일 옷은 그날의 상대와 하는 일의 성격에 따라 전략적으로 선택해야 한다. 그리고 트렌디해야 한다. 시대에 뒤처지는 사람으로 보이는 순간 자신이 초라하게 느껴지기 마련이다. 누구에게나 통용되는 몇 가지 원칙만 지키면 트렌디하면서도 기품 있는 스타일을 연출할 수 있다.

첫째, 자신만의 지속 가능한 아이템을 발굴한다.

우리가 명품이라고 부르는 전통 있는 패션 회사들을 보면 자신만의 시그니처 색상이나 아이템이 있다. 억 단위를 준비하고 기다려도 사기 힘든 에르메스 백은 백 자체도 유명하지만 오렌지색 쇼핑백이나 상자가 여성들의 뇌리에 훨씬 더 깊게 각인되어 있다. 그 색은 누가 봐도 에르메스 포장이다. 샤넬 No.5는 세기를 넘어서는 향수의 대명사이다. 그럼 나는 어떤 아이템으로 나의 시그니처를 만들 것인가.

청바지를 무척 좋아하는 사람이라면 찢어진 청바지부터

정장 재킷에도 어울릴 만한 청바지까지 골고루 갖추는 것이다. 무릎이 훤하게 보이는 찢어진 청바지는 어지간한 패션 코디네이터라 하더라도 정장 재킷에 갖다 붙이기는 어렵다. 정장처럼 연출할 수 있는 청바지는 따로 구비해야 한다. 통이 넓고 하이웨이스트 타입 정장 바지가 유행하고 있다면 청바지를 그런 타입으로 하나 사는 식이다. "어머 저거 작년에 유행했던 건데."라는 말을 들을 만한 청바지라면 한 번 정도는 더 고민하고 사도록 한다. 그러면 그 사람의 지속 가능한 아이템은 청바지가 되는 것이다. 덧붙이자면 10년 전에도 비슷한 것을 산 적이 있는지, 10년 뒤에도 하고 다닐 만한 것인지 생각해 보면 구매 여부가 쉽게 결정될 수 있다. 그게 당신의 지속 가능한 아이템이라는 증거이다.

둘째, 옷 자체보다 스타일링 도구를 개발한다.

유난히 양말에 신경 쓰는 사람이 있다. 무릎까지 올라오는 긴 양말부터 색상이 화려한 스타킹, 양쪽이 다른 컬러의 줄무늬 발목양말까지 없는 게 없다. 또 어떤 사람은 속옷에 엄청 신경을 쓴다. 속옷을 잘 갖춰 입지 않으면 아무리 비싼 옷을 걸쳐도 스타일이 살지 않는다는 신념을 갖고 있다. 가방에 목숨 거는 사람도 있다. 비록 궁핍한 처지라 할지라도 좋은 가방을 들고 나가면 자신의 처지가 곧 나아질 것이라는 희망이 생긴다는 이유였다.

각자 저마다 고유한 힘을 주는 지점이 패션에도 분명 존재한다. 목이 유난히 짧은 사람이라면 목을 감싸는 스카프를 잘 활용한다던지, 키가 작아서 신발만큼은 색상별로 기능별로 계절별로 다양하게 하이힐을 갖춘다던지 하는 것이다. 고유한 스타일링 도구를 갖추면 그게 나라는 걸 알리는 시그니처가 된다. 다른 사람들이 나에게 선물할 일이 있을 때 떠올리기도 수월하다.

이런 스타일링 도구나 패션 소품은 생각보다 경제적이기까지 하다. 한 번 사면 오래 여러 군데 매칭해서 사용할 수 있다. 한 가지 조심할 것은 액세서리는 되도록 충동구매하지 않는 것이다. 어디에 매칭할지 염두에 두고 선택해야 한다. 블링블링에 이끌려 큼직한 팔찌를 샀다가 몇 년이 가도 착용을 못 하는 경우도 여럿 보았다.

셋째, 기본 아이템을 잘 갖추는 것이다.

A라인 스커트나 일자바지, 카디건, 폴로셔츠 등은 언니나

친구 옷장에도 걸려 있는 아이템이다. 그만큼 베이직하기 때문에 자기만의 기본 아이템으로 발굴해서 갖춰 놔야 할 품목 중 하나이다. 트렌디하게 연출하는 것과 유행을 뒤쫓는 것은 조금 다른 해석의 여지가 있다. 소재나 색상, 사이즈까지 나에게 가장 잘 맞고 편한 것으로 갖추면 급하게 외출할 때 요긴하다. 이런 품목은 돈을 좀 투자해서 질 좋은 제품을 구비할 필요가 있다.

넷째, 자신의 나이에 맞는 연출이어야 한다.

어려 보이거나 젊어 보이기 위해 무리하지 않도록 한다. 강경화 외교부 장관의 은발을 기억하는가? 새치와 자연스럽게 어우러진 검은 머리가 멀리서 보면 은회색으로 보여 신선한 이미지 충격을 안겼다. 당시 강 장관은 한 언론과의 인터뷰에서 "내가 일하는 곳(유엔)에선 머리 색깔에 대해 아무도 개의치 않는다."며 "본래의 모습을 뭔가로 가리고 싶지 않다."고 소신을 밝혔다.

미니스커트를 입고 긴 생머리를 휘날리며 걸어가는 60대 여성으로부터 나이에 걸맞는 품위를 느끼는 사람이 몇이나 될까. 늙어 보이려 애쓰는 여성은 없다. 누구나 다 젊어 보이고 싶어 하고 항상 자신을 20대처럼 여기고 행동할 때도 많다. 그래서 여성은 더욱 사랑스러운 존재인지도 모른다. 그렇다 할지라도 진짜 20대처럼 굴 수는 없다.

평소에 자신의 모습을 잘 파악하고 거기에 걸맞게 패션 전략을 짜면 그것이 곧 자기 자신을 내보이는 전략이자 인격이 된다. 패션만으로도 모자람이 없이 온전하게 자기 포스를 드러낼 수 있는 것이다.

걸음걸이는
태도의 정수이다

알렉산더 테크닉으로 유명한 물리치료사 오하신 신은 자신의 책에서 모든 것은 자세에 달려 있다고 주장한다.

대학병원이 포기할 정도로 심한 요통을 앓고 있거나 긴 세월 원인 모를 통증에 시달려 온 분들이 많습니다. 또 합병증으로 우울증을 겪는 분, 교통사고 후유증으로 고생하고 있는 분도 있습니다. 모두 일반적인 치료로는 차도가 없어 이 병원 저 병원 옮겨 다니던 분들이었죠. 그런데 놀랍게도 이 환자들에게는 공통점이 있었습니다. '자세'가 바르지 않았던 겁니다. 자세가 바르지 않으면 몸의 하중 균형이 무너지고 관절과 근육 기능이 저하돼 장기, 신경, 혈관을 압박합니다. …(중략) 거북목이나 새우등 때문에 생긴 만성통증이 우울증으로 이어지거나 장기를 압박해 호흡기와 순환기 질환을 유발한 사례가 흔합니다. 바꿔 말하면 자세만 바로잡으면 전부 개선될 수 있다는 얘깁니다. 잘못된 자세의 원인은 대부분 긴장했기 때문입니다.

그의 주장에 따르면 자세가 만병의 근원이라는 것. 맞는 말이다. 올바른 자세로 생활하면 온몸이 펴지면서 숨어 있는 키 1센티미터도 찾아준다지 않는가.

레드카펫 위를 걷는 느낌으로 마치 영화의 주인공처럼 보폭을 5센티미터만 크게 내딛어보자. 관객은 없어도 된다. 초대받은 영화 주인공처럼 세상에서 가장 아름답고 우아하게 레드카펫 위를 걷는다는 상상으로 걸어 보자.

다양한 그릇에 담긴 물이 다양한 형체의 물이 되는 것처럼 구부정하게 다니면 그 자세에 어울리는 감정과 생각이 스며들 수밖에 없다. 원하는 삶을 디자인하기 위해 그릇인 몸을 좀 더 반듯하고 우아하고 자신감 있게 만들어 보는 것이다.

의식하지 않고 무심코 서 있다 보면 발끝이 벌어진다. 발끝이 벌어지면 몸에 힘을 줄 수가 없다. 긴장감이 사라지면서 배도 물렁물렁해지고 조금만 걸어도 피곤해진다. 갈수록 몸이 무거워지며 나태하게 자기 몸을 대하게 된다. 몸이 무겁고 늘어지면 주저앉고 싶고 조금만 걸어도 숨이 차오르게 된다. 어떤 증상일까? 맞다 노화다. 힘차게 힘을 주고 모델처럼 걷지 않으면 노인네 걸음이 되기 십상이다. 양 발끝이 벌어지면 빨리 늙는다. 특히 여성들은 다리에 힘을 주지 않으면 완경기 즈음에 골다공증이 찾아올 확률이 더욱 크다.

체질상 습한 소음인의 몸은 어깨가 좁고 늘어지고 앞으로 말려있다. 뭔가에 항상 눌린 듯하고 자신감 없이 고뇌에 빠진 듯한 인상을 준다. 실제 그렇게 생각이 많은 부류이다. 위를 비롯한 심장, 장기들이 약한 편이어서 본능적으로 장기를 보호하려고 몸을 웅크리고 감싸기도 한다.

앞으로 몸이 말려있고 벌어진 걸음걸이를 지닌 사람들

은 발을 11자로 나란히 놓는 연습부터 하자. 나는 어깨가 좁혀지고 목이 앞으로 빠지는 내 모습을 늘 떠올린다. 나도 모르게 그런 자세가 될까 봐 정수리에서 누가 날 당긴다 생각하며 목을 세우고 턱을 당긴다. 등 근육을 펴고 가슴을 들어올린다. 항상 신경을 쓰지 않으면 어느새 축 처져서 걷고 있다. 다시 바르게 세우고, 지금 자세가 늘어졌으면 또 긴장시키는 것이 전부이다. 생각나면 또 한다. 마치 레드카펫 위의 배우 자세처럼 만드는 거다.

양말이나 스타킹을 신을 때는 미끄러지지 않게 점착성이 있는 것으로 신는 것도 걸을 때 도움이 된다. 그리고 영상 매체에서 많이 본 모델 걸음걸이를 흉내내면서 걷는다. 머리에 책 두 권 정도 올려놓고 집 안을 왔다 갔다 하는 것이다.

보폭을 의식적으로 넓히면 평소 사용하지 않는 근육을 많이 사용하게 되어 근육에 활력이 생긴다. 엉덩이 근육의 쓰임이 달라지는 것을 느낄 수 있다. 그로써 혈액순환이 좋아져서 심폐기능이 좋아지고, 몸은 더욱 중심을 잡아 세우게 된다.

이렇게 걷는 모습을 상상하기만 해도 걸음걸이 교정에 도움이 된다. 마음은 무게도, 형체도 없어서 바뀌는 과정이 눈에 띄지 않지만 걸음걸이는 자세와 보폭, 경쾌함까지 바뀌는 게 바로 눈에 보인다.

　자세가 자꾸 무너진다면 집에 있을 때 수건이나 긴 스카프를 이용해서 등을 X자로 묶어 둔다. 시중에 어깨 교정 밴드도 많이 나와 있다. 턱을 올리고 등을 펴는 자세를 유지하게 도와준다.

　그리고 의자에 앉을 때는 발뒤꿈치를 들지 말고 발에 책을 하나 괴어서 편하지만 바른 자세를 유지할 수 있도록 하자. 언제 어디서나 까치발을 하지 않도록 유의해야 한다.

　이 정도만 실천해도 아름다운 걸음걸이를 얻을 수 있다. 뿐만 아니라 허리 근육을 강화시키는 데에도 도움이 된다.

　좋은 사람으로 기억되고 싶은가. 좋은 사람이 된다는 게 어떤 고도의 정신적 영역이나 어려운 과제라고 착각하고 있는 것은 아닌가. 걸음걸이는 당당한 포스를 연출하는 가장 쉬운 방법이다. 곧고 바른 걸음걸이를 지닌 사람이 나쁜 인상을 주는 것을 아직 본 적이 없다. 시비 거는 사람, 바쁜 사람, 할 일 없는 사람 모두 걸음걸이부터 표가 난다.

　나는 어떤 걸음걸이로 오늘 걸어가고 있는지 생각해 봤으면 좋겠다.

표정은 감정의 출입구

가장 예쁜 얼굴은 자연스럽게 웃는 얼굴이다. 얼굴 근육은 화를 내고 찡그릴 때보다 환하게 웃을 때 더 많이 움직인다. 얼굴 근육은 대부분 안면신경이라고 하는 일곱 번째 뇌신경에 의해 제어된다. 얼굴 근육이 만들어내는 표정은 뇌가, 또 뇌는 마음이 작동시킨다. 그래서 우리는 표정을 통해 상대의 마음을 엿볼 수 있는 것이다.

사람이 표정을 짓기 위해 사용하는 얼굴 근육은 총 43개나 된다고 한다. 평소에 이 얼굴 근육을 많이 사용해 활성화시키면 연출이 필요한 상황에서도 다양하고 자연스러운 표정이 나올 수 있다. 사진을 찍을 때 자연스러운 미소는 평소에 많이 웃을수록 자연스럽게 나온다.

인스타그램에 올라온 사진을 볼 때마다 모두 어쩜 그렇게 표정이나 자세가 자연스러운지 부러울 때가 많다. 그들의 한 가지 공통점은 사진을 많이 올리는 사람일수록 자연스럽다는 것이다. 많이 연습한다는 의미이다. 표정도 자세도 연습하면 할수록 자연스러워진다. 환하게 웃으며 가방을 옆으로 메고 뒤를 돌아보는 모습도 사실 다 연습의 힘이다. 그 컷을 찍기 위해 아마 거울 앞에서 수도 없이 돌아봤을 것이다. 평소

사진에서 나만 어색하게 웃는 것 같은 느낌이 든다면 연습을 통해 자연스럽게 만들 수 있다.

감정인식 기술의 토대를 마련한 미국 심리학자 폴 에크만Paul Ekman에 의하면 사람의 미소에는 진짜와 가짜가 있다고 한다. 진짜 미소는 미소 근육을 처음 발견한 19세기 프랑스의 신경심리학자 뒤센의 이름을 따 '뒤센 미소'라 불리기도 하는데, 진짜 미소와 가짜 미소의 구분은 눈가 주름이라고 한다. 가짜로 미소 지을 때는 입 주변 근육만 움직이지만 자연스럽게 웃을 때는 눈가의 근육도 함께 움직인다는 것이다. 쉬운 예로 성형 시술을 한 사람들이 미소를 지을 때 그 표정을 연상하면 가짜 미소와 진짜 미소를 금방 구분할 수 있다.

나는 아침에 눈을 뜨려고 꼼지락 댈 때 눈두덩이 뼈를 지긋이 만지면서 하루를 시작한다. 디지털 기기로 둘러싸인 현대인들에게 눈은 항상 보호 관리해 줘야 할 신체 부위이다. 지압하면서 눈 주위를 순환시키면 안구가 촉촉하고 시원해진다. 동시에 짱구처럼 눈썹을 들썩여 준다. 낮에 활동하는 동안 중력을 받아 계속 처지기 때문에 눈썹과 이마를 정수리 쪽으로 끌어올리는 느낌으로 움직여주는 것이다. 얼굴은 전체적으로 위로 들어 올리는 동작을 해줄수록 동안이 된다. 한 5분

정도 누운 채로 얼굴 여기저기 근육을 들쑤셔 준다.

아이들은 웃으면 광대뼈 쪽이 불룩하게 튀어나오고 볼 근육이 위로 올라붙는다. 그런 표정을 많이 짓는 것이 동안을 유지하는 비결이다. 나이가 들수록 볼 근육이 빠지면서 흉해지는데 볼 근육을 의식적으로 쓰지 않으면 더 빨리 퇴화된다. 여성들은 팔자주름을 가장 무서워하는데 이 팔자 주름은 입 주변도 관리해야 하지만 자꾸 웃어서 볼 근육을 위로 당겨 올려야 생기지 않는다.

가장 쉬운 볼 근육 운동은 풍선 불기 자세이다. 마치 풍선을 불 듯이 볼에 바람을 빵빵하게 넣고 10～15초 정도 다양하게 공기를 굴려준다. 오른쪽 뺨만 부풀렸다가 왼쪽 뺨도 부풀리고 윗입술과 잇몸 사이에 공기를 집어넣었다가 아랫입술과 잇몸 사이로 공기를 보내는 식으로 여기저기 입안의 공기를 굴려주는 것이다. 이때 공기가 피식 하고 새어나가지 않도록 주의한다. 아침에 일어나면 이 얼굴 운동을 꼭 5분 이상 하자. 얼굴 운동은 얼굴에 있는 림프를 순환시켜서 붓기를 빠르게 빼준다.

손으로 마사지하는 것도 잊지 말자. 아침저녁으로 세안할 때 볼 아래 끝에서 위로 지그시 눌러 올리면서 근육이 있음을 인식하고 윤곽을 살려내도록 만져준다.

노화와 함께 얼굴 근육이 퇴화되면 다양한 표정을 지을 수 있는 능력도 함께 사라진다. 표정을 읽을 수 없는 사람을 우리는 본능적으로 경계한다. 어떤 생각을 하는지 짐작할 수 없기 때문에 리액션을 할 수가 없다. 표정을 지으려면 뇌가 명령을 내려야 하고 뇌의 명령은 마음과 직결된다. 닭이 먼저이건 달걀이 먼저이건 중요치 않다. 뇌, 마음, 표정 이 셋은 세트라고 생각하고 일단 입꼬리를 올리는 연습을 하자.

체질을 알면
심리도 알기 쉽다

한의학에서는 사람을 체질로 분류하는 다양한 이론들이 존재한다. 사상체질, 8체질, 18체질 등등 타고난 장부臟腑의 발달과 기질에 따른 여러 방식이 있다.

어떻게 세계 80억 인구를 몇 가지로 분류할 수 있겠냐고 이론 자체를 부정하는 사람도 있다. 그 생각 자체가 틀린 것은 아니다. 손가락 지문 한 개도 다 다른데 사람을 어떻게 몇 가지로 나누고 묶어서 분류할 수 있겠나. 다만 공통 성향의 통계라는 측면으로 보면 체질 분류는 허무맹랑한 이야기는 아니다. 컬러에서 베이비핑크, 인디핑크, 코랄핑크, 핫핑크 모두 핑크색으로 공통된 특징을 모아 분류하는 것처럼 사람의 기질을 축적한 데이터에서 공통된 성질을 찾아낸 것이 체질이라고 받아들이면 될 것 같다.

한의학에서 말하는 체질은 현재 유행하는 MBTI 같은 성격유형 검사와 확연히 다른 부분이 하나 있다. 검사할 때마다 그때그때 기분에 따라 바뀌는 것이 아니라는 점이다. 오랜 시간 수많은 사람들의 특징과 행동양식을 모아 집대성해 공통의 특질을 뽑아냈기 때문에 기분이나 상황에 따라 다른 유형이 도출될 수가 없다. MBTI는 비교대상 없는 유형 분류인데 반해 사상체질은 뚜렷한 특징을 갖고 비교군을 찾아내는 게 가장 큰 차이점이다. 그 결과가 비교적 더 안정적이라고 봐야 할 것 같다.

서양에서 건너온 성격유형검사는 인간의 심리를 분석하기 위해 인간의 행동, 즉 현상에 주목한다. 반면 동양의 체질이론은 신체적 특징, 행동양상, 습관, 과거 병력 등 한 인간의 총체적 본질에 주목한다. 이 점도 간과할 수 없는 차이이다.

나는 조금씩 다른 여러 이론 가운데 이제마의 사상의학 체질론과 현대인의 심리학적 유형을 접목한 류종형 박사의

《사상체질 심리학》에 많은 감화와 영향을 받았다. 사상체질에 심리적 요인을 더 풍부하게 접목함으로써 기존의 사상체질로는 부족하게 느꼈던 인간에 대한 이해를 넓혀주었다. 어떻게 타인을 대하고 수용해야 할지, 왜 이런 생각과 행동을 할 수밖에 없는지 원초적인 질문에 대한 갈급함을 해소할 수 있었다.

내가 나름대로 개발한 사상체질 심리학을 가장 쉽게 이해하는 방법은 '사람을 계절로 이해'하는 것이다. 사계절 특징이 뚜렷한 우리나라에서는 계절에 빗대어 본인 성격과 특징을 설명해 주면 대부분 쉽게 이해한다.

봄의 특징을 가진 사람은 소양인, 여름의 특징을 가진 사람은 태양인, 가을은 소음인, 겨울은 태음인에 해당한다. 물론 사람에게 한 가지 계절 특징만 있는 것은 아니다. 계절처럼 뚜렷한 주된 속성이나 체질이 있고, 환절기처럼 인접한 두 성향의 특징이 조금씩 섞여 있는 경우가 대부분이다. 개중에는 고도의 마음 수련과 심신단련을 겪은 후 사계절 특징을 자유자재로 구사하는 사람도 있다.

본인이 사상체질 진단을 받은 적이 있다고 해서 어느 계절, 딱 하나의 특징만 있다고 단정짓지 않았으면 좋겠다. 우리에게는 사계절 특징이 다 조금씩 들어있고, 그 가운데 가장 두드러진 특징을 찾으면 자신을 이해하는 데 조금 더 도움이 될 뿐이다.

체질과 계절을 비교할 때 절묘하게 맞아떨어지는 특징을 발견할 수 있다. 봄이라는 계절을 떠올리면, 어디든 나가고 싶게 날씨가 좋고 하루하루가 다르게 만물이 성장한다. 모든 것이 다 새로움의 옷을 입고 다시 태어난다. 소양인의 특징이 딱 그렇다. 호기심이 많고 놀기 좋아하고 세상만사가 즐거워 상대방 기분을 잘 헤아리지 못한다. 자기 혼자 꽃피는 중이다. 배려가 없다기보다 자기 자신에게 모든 기쁨과 관심이 집중된 까닭이다.

여름은 어떤 계절인가. 여름 한낮 태양은 살갗을 태울 만큼 강렬하다. 맞다. 태양인은 주변을 다 태울 만큼 강렬한 성격을 지닌 사람이다. 거의 보기 힘든 유형이다.

가을은 봄과 여름동안 피어났던 모든 것들이 생기를 잃어가고 이별을 준비하는 계절이다. 열매가 무르익고 수확을 하고 아침저녁 온도차가 급격하다. 소음인은 말이 별로 없다.

다가올 겨울을 준비하는 가을처럼 모든 일을 철저하게 대비하기 위해 잔뜩 긴장하고 있다.

겨울과 태음인은 '축적한다'는 공통점이 있다. 겨울이 모든 계절의 끝이자 봄을 품은 준비기간인 것처럼 태음인은 모든 것을 감싸 안는 사람들이다. 욕심 많아 보일 정도로 잘 쌓아두는 사람이다. 몸집이 크고 넉넉한 사람들은 대부분 태음인이다.

이렇게 체질과 성격유형을 쉽게 설명한 것은 인생의 실마리를 어디에서부터 풀 것인가 하는 문제와 직결되기 때문이다. 나를 이해하지 않고서는 우리는 한 발자국도 삶을 발전시켜 나갈 수 없다. 자신이 원하는 이미지, 욕구, 방향을 충족시켜 나가려면 출발선에 먼저 서야 한다.

포스 메이킹은 그 출발선에 사람을 세우는 일이다. 가장 먼저 '나'를 이해하는 것에서부터 시작된다. 여기에 심리학적 사상체질까지 접목하면 숨겨진 자신의 매력을 훨씬 더 다각도로 발견할 수 있다.

소셜클럽 〈다이아마인드〉에서는 이러한 이론적 배경 아래 한 사람 한 사람에게 맞는 여러 프로그램을 운영하고 있다. 장점을 강화하고 단점을 보완하여 여러 가지 커리큘럼을 적용해 본 후 내면에 숨겨진 포스를 함께 찾아내는 것이다.

포스 메이킹 프로그램의 핵심은 내재된 특징을 찾아내고, 내 삶을 주체적으로 컨트롤해 나아가기 위한 토탈 이미지 솔루션을 제안하는 데 있다. 소중한 한 개인이 자신의 삶을 다시 열고 더 좋은 방향으로 행진해 나가도록 가이드라인 역할을 하는 셈이다.

우선 자신이 어떤 상태인지 알아야 한다. 나를 자유자재로 부리는 것, 쉽지 않은 일이지만 우리는 해내야 하고 어느 정도의 경지에 이르면 타인의 시선이나 사회적 기준 따위에 흔들리지 않고 꿋꿋하게 내 뜻대로 살아갈 수 있게 된다.

이때 오감을 깨우는 향기테라피나 컬러테라피는 본인의 포스를 깨닫는 훌륭한 수단이 되어준다. 눈에 보이지 않는 자신과 싸우기를 멈추고 오롯이 하나가 되려면 자신과 대화하는 시간이 필요한데 맨 정신에 멀뚱멀뚱 앉아서 자기 자신과 대면하기란 쉽지 않다.

그토록 사랑하는 가족이나 연인을 이해하기 위해 온갖 감정노동과 서비스와 경제적 손실을 마다하지 않으면서 왜 자신을 위해서는 정작 아무것도 하지 않을까. 향기나 컬러를 활용하면 낯간지러운 자기 자신을 대면하는 문턱이 조금은 낮아질 수 있다. 이제부터 나올 내용은 대략의 가이드라인이므로 각자가 좀 더 연구해서 활용하면 좋겠다. 정말 간절히 우리 모두 행복해졌으면 좋겠다.

향기테라피 1;
향기는 감정의 수호천사이다

뇌의 변연계는 감정을 조절하고, 기억을 저장하고, 자율신경계를 관장하는 등 우리 몸의 중앙처리기관 역할을 한다. 뇌는 감각기관에서 들어온 수많은 정보를 처리해낸다. 보고 맛보고 들은 많은 정보들은 간뇌의 시상을 거쳐 대뇌로 정보를 전달한다.

수많은 정보들 가운데 냄새나 향기 등의 후각 정보는 뇌에 처리되는 과정이 다른 감각들과 다르다. 후각 정보는 중간 과정 없이 바로 안와전두피질에 전달된다. 안와전두피질은 편도체와 그 외의 다른 변연계와 직접 연결되어 있어서 감정적 의미를 결정하는 데 중요한 역할을 하는 곳이다. 이 안와전두피질이 손상되면 사회적으로 용납될 수 없는 이상행동을 아무렇지도 않게 한다고 한다. 사이코패스의 경우는 거의 냄새를 잘 맡지 못한다는 연구결과가 있다. 치매의 전조증상 가운데 한 가지가 냄새를 잘 맡지 못한다는 것도 있다. 두 경우 모두 뇌에 손상이 있다는 뜻이다.

뇌가 사건이나 사실을 기억할 수는 있는데 냄새가 그때의 감정을 떠올리게 하는 것은 놀랍고 신기하다. 록펠러 대학의 연구에 따르면 우리가 단기적으로 기억하는 감각 비율은 촉각은 1퍼센트인데 비해 후각은 무려 35퍼센트라고 한다. '매일 생성되는 모든 감정의 75퍼센트가 냄새로 인한 것'이라는 연구보고도 있다. 그래서인지 냄새는 과거의 추억과 깊게 연결된 것 같다. 집 나간 아들이 된장찌개나 김치찌개 냄새를 맡으면 엄마 보고 싶다고 울먹거리는 장면은 드라마나 소설, 영화에 자주 등장한다. 감정이 묻은 기억을 불러내는 매개체가 냄새인 것이다.

나는 초등학교 6학년까지 학교에서 돌아오면 엄마의 젖가슴에 얼굴을 파묻던 막내딸이었다. 그때 엄마의 살 냄새와 립스틱 색깔을 아직 기억한다. 지금은 딸아이가 내 가슴에 파묻혀 "엄마 냄새가 좋아."라고 한다. 내가 엄마 살 냄새 기억에서 아직도 그 사랑을 기억하는 것처럼 딸이 자라서 나의 냄새를 기억할 수 있길 바라며 포근하게 안아준다.

후각은 사람의 정서와 이토록 깊은 연관성이 있다. 따라서 감정을 조절하는 데 아주 빠르고 효과적인 아이템이 향기라고 할 수 있다. 보편적인 방법만 알면 자기한테 맞는 향기테라피에 접근할 수 있다. 동네마다 향수 공방소도 심심찮게 생기고 있다. 각자 몸의 발달, 환경적 요소, 심리적 체질이 다 다르므로 자신에게 맞는 향을 찾아서 활용하면 된다.

가장 간단한 방법은 아로마오일을 한두 방울씩 귀 뒤와 손목에 바르는 것이다. 롤링병이 있다면 코코넛오일에 원하는 만큼 아로마 원액을 넣고서 향수처럼 수시로 바르면 된다. 여기서 코코넛오일은 아로마 원액을 희석시키는 기능을 하는 캐리어오일 역할이다. 다른 캐리어오일이 있다면 그걸 쓰면 된다.

나는 향기주머니로 쓸 만한 초미니백을 메고 나설 때가 있다. 집중할 일이 생겼거나, 감정을 조절해야 할 일이 있을 때 하는 처방이다. 차에도 미니 발향기계를 두고, 집에도 발향기계를 놓고 원하는 아로마를 발향시킨다. 기계가 없어도 따뜻한 물에 오일을 한두 방울 떨어뜨리면 내 주변 전체로 향기가 퍼진다. 도자기 아래에 향초를 피워서 따뜻하게 유지하는 아로마 버너를 사용하는 방법도 있다. 일상에 자신만의 향기를 심는 방법은 의외로 간단하다.

이제 향을 골라보자. 사람마다 먹고 나면 힘이 나는 음식이 다 다르듯 향기도 마찬가지이다. 자기 체질을 알고 향기를 고르면 많은 도움이 된다.

_ 가을형 소음인

소음인은 소화불량을 달고 산다. 조금만 신경 거슬리는 일이 있거나 걱정이 생기면 식욕부터 사라진다. 그래도 몸 생각해서 챙겨 먹었다가 종일 소화가 안 돼서 토하기도 한다.

성미가 까탈스러워 사소한 상황에도 영향을 받는 사람을 보고 '참 비위가 약하다'고 하는데 그 말은 비장과 위장이 약해서 소화를 잘 못 시키는 신체적인 특징이 성격으로 드러난 것이다.

비위가 약한 가을이는 레몬, 유자향으로 식욕을 돋우고 소화를 증진시키는 것이 좋다. 페퍼민트, 스피아민트와 같은 민트향이 기분을 좋게 만들어서 소화를 돕는다.

또한 혈액 순환이 안 되고 손발이 차갑기 때문에 열을 올릴 수 있는 향을 추천한다. 골골 하면서 잘 아픈 사람들이라 평소에 면역을 증강할 수 있는 향기를 지니고 다니면 좋다. 진저, 프랑킨센스, 티트리를 추천한다.

가을이는 늘 외로움을 탄다. 그래서 우울증상이 있기도 하고 불안한 마음을 가지기도 쉽다. 정서적인 안정을 필요로 할 때 쓰면 좋은 향은 라벤더와 로즈, 일랑일랑이다. 사랑을 갈구하는 가을이들에게 사랑받는 느낌을 줄 수 있는 향이다.

나는 전형적인 가을이여서 화가 나거나 걱정거리가 생기면 불을 다 끄고 두 시간을 누워 있어도 잠들지 못하고 뒤척거린다. 그럴 때는 라벤더를 베개에 한 방울 뿌리고 잠을 청한다.

_ 봄형 소양인

봄형은 비위가 발달해서 뭐든 잘 먹고 잘 소화시킨다. 봄이들이 다이어트에 실패하는 이유는 지치지 않는 식욕 때문이다. 소화액 분비가 잘 되고, 근육량이 많아서 대사 능력이 좋다. 빠르게 음식을 소화시키니 돌아서면 배가 고프고 언제든 또 먹을 수 있다. 호기심이 많아서 이것저것 세상에 존재하는 음식들을 다 먹어보고 싶어 한다.

먹는 양에 비해 살은 안 찌는 편이고, 조금만 칼로리를 줄이고 적게 먹으면 금방 살이 잘 빠지면서 예쁜 근육이 드러난다. 봄이들은 식욕을 억제할 수 있는 향기를 지니면 좋다. 그레이프프루트, 라벤더가 식욕을 좀 조절해 준다.

그레이프프루트는 간의 열을 식히고 정화해내므로 열기가 강한 소양인에게 효능이 크다. 울혈을 제거하고 스트레스를 감소시키므로 욱하는 소양인에게는 아주 좋은 아로마이다. 봄형의 소양인이 욱하는 것은 자기감정이 소중해서 그때그때 발산하기 때문이다. 기분이 중요한 사람들이라서 어떤 일을 시작할 때는 에너지 넘치게 시작했다가 흥미가 떨어지면 금세 손에서 놓아 버린다. 용두사미가 될 가능성을 염두에 두고 일을 추진하면 도움이 될 것이다.

욱한다 싶으면 롤링병에 라벤더와 그레이프프루트를 넣고서 코코넛으로 채운 다음 들고 다니자. 한두 방울이면 금세 평정심을 되찾을 것이다.

_ 겨울형 태음인

간이 튼튼하고 폐가 약한 체질이다. 간이 건강해서 타인에게 담대한 사람으로 비춰지기도 한다. 폐가 약하기 때문에 호흡계 질병이 있고, 감기가 걸려도 가장 먼저 기침을 동반한 목감기 증상이 나타난다. 평상시에 유칼립투스, 페퍼민트를 가까이 하면 좋다.

겨울이들의 가장 큰 특징 중 하나는 대담한 심리적 기질을 타고났음에도 불구하고 우울증이 생길 확률이 높다는 것이다. 워낙 사람이 착하고 리스너로서의 품성을 갖고 있어서 많은 사람들이 상담이라는 미명하에 스스로 처리하기 어려운 감정의 찌꺼기를 이들에게 쏟아낸다. 큰 바다라고 보면 된다. 용량이 크니까 웬만큼 버려도 더러워지지 않겠지만 차곡차곡 쌓인다. 스스로 정화하는 시스템이 잘 가동되지 않으면 한순간에 폭발하므로 네 가지 체질 가운데 깊은 우울증에 빠질 확률이 가장 높다.

리스너들은 들어주는 만큼 피폐해진다. 매번 다운되는 기분을 누군가에게 토로할 수 없으니, 향기테라피를 통해 조금씩 치유해 나가기를 권한다. 기분 전환에 가장 좋은 향은 가을이들과 마찬가지로 오렌지와 레몬향이다.

여름에 해당하는 태양인 체질은 흔치 않기도 하고 향기에 좌우될 성향이 아니라서 자세한 언급은 안 해도 될 듯하다. 여름이들은 자신이 끌리는 향 하나면 충분할 사람들이다.

집 안에 늘 오렌지와 페퍼민트를 기본으로 발향해 두는 것을 추천한다. 오렌지는 체질에 관계없이 상쾌하고 좋은 기분을 느끼게 해준다. 앞서 나온 체질에 해당사항이 없다고 생각되면 오렌지나 페퍼민트 같은 신선한 자연의 향을 활용하면 된다. 후각기관의 특징에서 살펴봤듯이 빠르게 감정을 전환시키는 데에는 향기만한 것이 없다.

시중에는 이러한 오일을 이용하여 감정의 변화를 이끌어내는 감정 오일에 대한 정보들도 많다. "설마, 향기 하나가 이 화나는 감정을 바꿀 수 있다고?" 하며 반문하는 분이 있을 것이다. 단언컨대 향기로 기분과 감정이 바뀐다. 냄새는 기억이니까.

체질별 추천 오일 1

유형	숨은 포스	추천향
봄형 소양인	거침없는 출발. 꿈꾸는 낭만과 발랄한 재능의 조합. 유쾌한 성격과 넘치는 식욕.	그레이프프루트 라벤더
여름형 태양인	어떤 경우에도 흔들리지 않는 강렬함.	오렌지 페퍼민트
가을형 소음인	몰입과 집중. 탁월한 안목. 완벽한 마무리.	로즈 일랑일랑 진저
겨울형 태음인	관계중심형. 타고난 리스너. 넓은 포용력과 강한 인내심.	유칼립투스 레몬

체질별 추천 오일 2

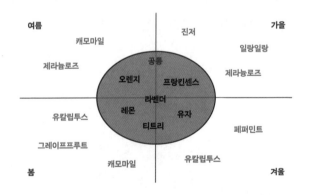

향기테라피 2;
상황에 따라 향기 쓰는 법

백화점에서 소비자의 지갑을 열게 하기 위해 향을 적극 활용한다는 것은 이미 잘 알려진 사실이다. 백화점 1층에 향수와 화장품을 배치함으로써, 이성적인 소비가 아닌 감성적 충동적 판단을 내리도록 유도하는 것이다. 어떤 섬유 유연제가 우리나라에 들어와 시장을 장악하기까지는 향기 마케팅이 주효했다. 미국 유학시절 코인 세탁소에서 맡았던 그 냄새라고 강남 중산층에서 열광하면서 입소문을 타고 빠르게 성장했다.

좋은 냄새에 기분 나빠하는 사람은 아직 못 봤다. 빵 냄새는 배부를 때 맡아도 빵을 사고 싶게 만든다. 우리는 보이지 않는 향기의 힘에 영향을 받으며 생활하고 있다.

이제는 상황별로 향기를 활용하는 법을 알아보자.

_ 비즈니스 분위기를 돕는 향

투자처에 제안서를 브리핑하는 날이라고 가정해 보자. 프레젠테이션을 통해 투자를 끌어내야 하는 상황이라 전날 밤부터 바짝 긴장하고 있다. 성과에 대한 부담감, 책임감, 실수에 대한 두려움, 예기치 못한 돌발 상황에 대한 불안감 등의 감정에 지배당한다.

이때는 자신의 심리상태를 건강하게 만드는 것이 우선이다. 상대방이 나를 굉장히 매력적인 사람으로 느낄 수 있게 해야 한다. 그러기 위해서는 나에게서 나오는 밝은 기운, 자신감, 확신, 적극적인 문제해결 태도 등의 이미지를 상대에게 주어야 한다.

그 전날 밤에 잘 때 숙면을 취할 수 있게 라벤더를 한 방울 뿌리고 잔다. 아침 세안을 하고 준비할 동안 오렌지나 레몬향을 발향시켜 둔다. 시트러스 계열의 향은 두뇌를 깨우고 기분을 상쾌하게 만든다. 그리고 미팅 한 시간 전에 롤링병에 준비한 레몬향을 호흡해서 이성적으로 냉철하고 명석한 감각을 일깨워낸다. 회의 직전에 오렌지 원액을 귀 뒤와 손목에 바르면 상대방의 감성적인 호감을 끌어낼 수 있다.

＿ 데이트를 돕는 향

이성을 홀리는 향수로 알려진 페로몬 향수가 정말 효과가 있냐는 질문을 종종 받는다. 페로몬은 곤충들이 서로의 행동을 유도하는 물질인데 이 가운데 성적 흥분을 유도하는 성분을 가리켜 성페로몬이라고 한다. 향수에 넣는 물질은 동물 생식선에서 추출한 것을 쓰는데 동종 동물이나 곤충에서만 반응을 하는지라, 사람에게도 유용할 것이라는 과학적 근거는 미약하다. 페로몬을 감지하는 신경세포는 아직 확정적으로 말할 수 있는 것은 없다. 이성을 유혹하는 향수라는 마케팅에 현혹될 필요는 없어 보인다.

자신이 좋아하는 향을 찾아내 활용하는 것이 더 효과가 클 것이다. 로즈, 재스민, 백합, 수국, 수선화 등 꽃 향기가 아무래도 로맨틱한 분위기를 연출하는 데 좋다.

여행 갔을 때 사온 바디오일이 좋아서 꽤 오래도록 재구매해서 쓰는 제품이 있는데 일랑일랑 향이 들어가 있다. 일랑일랑은 '샤넬 No.5'에도 들어가지만 향이 독특해서 호불호가 있을 수 있다. 개인적으로는 바디 제품에 몇 방울 떨어뜨려서 쓰면 은은하게 몸을 감싸는 느낌이 좋은 것 같다. 두통과 우울증에도 효과가 있어 기분 전환이 필요하거나, 친구들 만나러 갈 때 애용하는 향이기도 하다.

꼭 연인과의 데이트가 아니라도 기분 좋은 설렘을 느끼

고 싶을 때 자신에게 맞는 그런 기분을 느끼는 향을 찾아 두고
쓰면 좋겠다.

_ 스트레스 진정을 돕는 향

열불 터지는 일을 겪고 나면 냉수부터 찾게 된다. 실제로 교
감신경이 극도로 흥분하면 호흡이 가빠지고 심장 두근거림이
생기며 혈류속도가 빨라진다. 불나면 물을 끼얹듯이 냉수를
마시며 진정하는 것이다.

향에서도 냉수처럼 자율신경계의 변화를 빠르게 일으킬
수 있는 것이 존재한다. 가장 흔하게 쓰이는 향이 바로 오렌지
향이다. 오렌지나 귤을 까고 남은 껍질에 코를 대고 킁킁거린
적이 있을 것이다. 새콤달콤한 향이 자기도 모르게 기분을 좋
게 해준다. 자몽향도 화가 날 때 맡으면 스트레스 완화에 도움
을 주면서 산뜻한 기분으로 전환시켜 준다. 대체로 시트러스
계열의 향이 진정 효과가 있다.

오일의 등급은 정말로 전문가들조차 다 알기 어려울 정
도로 천차만별이다. 가격 차이도 많이 나고, 그 가치 기준을
몰라서 일반인들에게 어렵게 느껴진다.

마사지 숍에서 오일 질이 떨어지면 마사지 후에 미끈거리고 피부가 숨을 못 쉬는 답답함을 느끼게 된다. 좋은 마사지 오일은 씻어내지 않아도 자연스럽게 피부에 흡수된다.

마사지 오일은 그날 기분과 몸 상태에 따라 향 선택이 달라진다. 피곤하고 우울하거나 에너지 충전을 위한 시간인 만큼 베르가못향이나 유칼립투스향 오일을 택하면 실패가 없다.

_불면증에 효과 있는 향

잠을 자고 싶은데 못 자면 그보다 더 곤혹스러운 일이 없다. 예민하고 섬세해서 자기 몸 상태에 민감한 가을형 사람들이 불면증에 취약하다. 불면이 생긴 날은 뭐가 됐든 이슈가 있는 날이다. 화든 슬픔이든 증오든 불편한 감정이 생겼는데 그런 감정을 자꾸 들여다보면 잠이 달아나고 만다.

부정적인 감정은 먼지 같은 존재라서 떼어내려 하면 쉽게 떨어져 나가지 않는다. 오히려 내버려두면 언제 떨어져 나갔는지 모르게 사라진다. 지켜보고 흘려보내는 습관을 가지는 것이 중요한데 충분한 수면을 취해서 안정적 상태에 몸을 맡겨야 한다.

마조람이나 라벤더를 베갯잇에 뿌리거나, 발향해 두고 편안한 마음으로 누워보자. 밤새 숙면을 도와줄 것이다.

_ 다이어트를 유도하는 향

나는 다이어트에 대해 병적이라고 할 만큼 하드트레이닝을 하는 편이다. 나이가 들어갈수록 살이 찌고 나면 잘 안 빠진다고 하는데 사실이다. 이전에 비해 열 배 이상 노력해야 돌아갈 수 있다. 나이 들수록 신체의 기능이 전반적으로 하향 곡선을 타게 되니 당연하다.

'찌우지 않는 것이 최고의 다이어트!'

그러려면 평소에 음식을 대하는 태도가 중요하다. 내 몸을 음식 쓰레기통으로 만들 것인가, 그대로 쓰레기통으로 직진할 것인가를 늘 염두에 둔다. 식재료를 버리라는 소리가 아니다. 식탁에 남겨진 음식이 아까워서 자기 입으로 밀어 넣는 행위를 하지 말라는 뜻이다. 많이 먹을 것인가, 입안에 머무르는 시간을 길게 해서 오래 즐길 것인가. 오래 천천히 씹는 걸 못하고 허겁지겁 먹어치우지 말자는 뜻이다.

자신에게 질문하자.

'맛으로 채울 것인가, 멋으로 채울 것인가.'

다이어트는 본능과의 싸움이기 때문에 단기 전략을 세워서는 안 된다. 더군다나 보기만 해도 달콤하고 예쁜 음식들이 지천으로 널린 세상이다. 디저트만 먹어도 한 끼 식사 열량을 훌쩍 넘긴다.

세 가지만 명심하라.

적게 먹자!

좋은 걸 잘 먹자!

엉덩이를 가볍게 하자!

식욕을 스스로 통제하는 능력은 현대인들이 가장 갖고 싶은 능력일지도 모르겠다. 하지만 적게 먹는 건 쉽지 않다. 식욕을 이기는 향을 지니고 다니면서 식욕에 지배당한다는 느낌이 들 때 향을 맡아보자. 다이어트에 목숨 거는 나로서는 충분히 효과를 보았다.

시트러스 계열의 레몬향을 뿌리고 레몬수를 마신다. 레몬수는 식욕을 억제하기도 하지만 물을 많이 마실 수 있게 돕는 기능도 있다. 물을 많이 마시면 식욕은 다운될 수밖에 없다. 특별한 비법이 아니다. 이건 나를 비롯한 수많은 다이어트 전도사들이 하는 말이다. 레몬의 시트러스향은 림프순환을 촉진하고 셀룰라이트 분해를 돕는다. 적절히 향을 맡으며 기분을 업 시키면 식욕은 슬며시 저 아래로 가라앉을 것이다.

빛에도 가시광선이 있고 눈에 보이지 않는 자외선이 있는 것처럼 향에도 우리가 맡지 못하는 향이 있다. 의식하지 못하는 사이에 향기에 지배당할 수도 있고 내가 지배할 수도 있다. 자기에게 맞는 향을 선택하고 활용하는 향기테라피로 지금보다는 더 많은 행복을 누렸으면 한다.

상황별 추천 오일

상황	효과	추천향
일	심신 안정 이성적 사고	오렌지, 레몬
데이트	기분 좋은 설렘	로즈, 재스민, 일랑일랑
스트레스	심신 안정	유칼립투스, 베르가못
불면증	충분한 수면	마조람, 라벤더
다이어트	식욕 억제	시트러스 계열의 향, 레몬

컬러테라피;
컬러는 파워이다

색은 사람의 감정 상태를 조절할 수 있는 훌륭한 수단이다. 빛의 파장으로 각 물체마다 고유의 빛 파장이 생기는데 우리 시신경을 통과하면 색으로 인식된다. 이는 뇌하수체에 직접적인 영향을 미쳐서 빨간색을 보면 혈압이 상승하고 파란색을 보면 차분하게 가라앉는다.

색의 효능감을 이용한 컬러테라피Color Therapy는 심리치료와 의학치료에서 효과를 나타내면서 새로운 대체의학으로 주목받고 있다. 또한 마케팅뿐만 아니라 일상생활에서도 활발하게 응용되어 왔다. 컬러테라피는 우리가 모르는 사이 감정을 자극하고 소비를 유도하고 있다.

컬러테라피를 통해 나의 약점을 보완하고 강점으로 활용해 보자.

― 가을형이라면 주황색 속옷을 사자

사계절 중 가을 에너지를 가진 소음인은 본인을 찬바람이라고 이해하면 된다. 몸이 항상 차갑고 땀이 잘 나지 않는다. 먹고 즐기는 것에 흥미도 없고, 본능적 쾌락을 추구하는 삶보다는 정신적인 것을 추구한다. 가을은 사색의 계절이라는 말이 있듯 생각을 깊게 한다. 그만큼 존재에 대한 고민이 깊어서 높은 도덕적 잣대로 자신을 질책하는 경향도 심하다.

이런 가을이는 회색에서 안정감을 느낀다. 회색 승복을 입은 수도승 같은 이미지로 이해하면 쉬울 것이다. 내면의 모습에 관심이 많고, 스스로를 성찰하는 능력이 뛰어난 사람들이다.

한편 타인에 의해 평가받는 것을 특히 부담스러워 한다. 누구보다 자신을 성찰하는 힘을 갖고 있기에 다른 사람의 평가는 그게 칭찬이든 입방아든 원치 않는다. 오로지 자신을 평가할 수 있는 사람은 자기 자신이라고 생각한다. 그래서 드러나지 않는 색을 선호한다. 회색, 검은색, 베이지색, 아이보리색 등으로 자신을 편안하게 묻어두려고 한다. 주목받는 것에 대한 부담으로 옷의 색을 고를 때 최대한 묻히는 색을 찾는다.

사상체질을 공부하면서 심리와 연관성이 큰 걸 알고 나니 나 자신이 이해되고 무엇을 해야 할지도 보였다. 음陰 기질이 좀 더 활기 있게 살아가려면 양陽 에너지를 더 많이 써야 한다는 사실과 함께 컬러에서도 좋아하는 색은 왜 그렇게 끌렸는지, 그와 달리 필요한 색이 무엇인지도 깨닫게 되었다.

본래의 나의 모습으로 살아도 된다. 별로라서 바꾸는 것이 아니다. 부족한 것을 채우기 위해 이런저런 시도를 해볼 수 있다는 정도로 받아들이면 좋겠다. 나와 같은 가을 성향을 지닌 분이라면 다음과 같이 해볼 수 있다.

만물의 곡식이 열매를 맺는 가을은 알곡과 쭉정이를 가려내는 계절이기도 하다. 가을형은 그 기운처럼 차갑고 냉철하고 옳고 그름이 분명하다. 반면 굉장히 우울하게 가라앉는 기분도 쉽게 느낀다. 알곡과 쭉정이가 함께 존재하니까.

빠르게 기운을 회복하거나 기분을 상승시키는 컬러를 쓰면 도움이 된다. 그 색은 바로 주황색이다. 스산한 가을 바람처럼 추위를 많이 타고 냉하기 때문에 열감을 주는 색깔을 쓰면 효과가 있다. 빛의 영역에서 열선에 해당하는 적외선에 가까운 붉은색 계열은 가을이에게 아주 좋은 색이다. 주황색 계열의 붉은색을 가까이 하면 생동감을 갖게 되고, 열정이 생기고, 지속하는 힘을 얻을 수 있다. 그래서 나는 옷을 고를 때 파란색 계열은 패스하는 편이다. 옷 하나도 내게 힘을 보탤 수 있어야 하기 때문이다.

옷, 주얼리, 구두 심지어 네일 색상까지도 내 몸에 붙이는 모든 것에 따뜻한 온도감을 주는 색을 고르려 신경 쓴다. 네일은 야광 주황색, 늘 손에 쥐는 핸드폰 케이스는 핫한 주황색이다. 다운되지 않는 장치로 색을 활용하고 있다.

그렇다고 모든 패션 아이템을 다 붉은 계열을 하는 건 아니다. 늘 하는 말이지만 가장 아름다운 것은 자연이다. 자연은 음양을 품고 있다. 즉 드러나고 감추는 게 조화로울 때 아름답다. 힘을 주는 컬러를 포인트로 썼다면 나머지 아이템들은 차분하게, 부드럽게 선택하면 좋다. 힘차게 돌아다닐 때는 주황, 노랑, 빨강, 초록이 가득한 알록달록한 옷도 입는다.

검은 옷은 아주 세련된 감각을 나타내기에 최고의 색이다. 복식사를 연구하는 저명한 분이 "제대로 된 여자라면 옷장에 블랙 미니드레스는 한 벌 있어야 한다."고 말한 걸 들은 적이 있다. 그렇다. 품격을 드러내야 할 상황에서 검정색만큼 제격인 게 없다. 검정색을 입어야 할 때에는 꼭 주황색이나 빨간색 속옷을 골라 입는다. 생기를 유지하고 싶기 때문이다.

주황색 속옷은 어쩌면 나만의 부적효과일지도 모른다. 지금은 예전과 다르게 옷장에 알록달록 다채로운 컬러가 점점 옷장을 넓게 차지해 가는 중이다. 다운되어 있다고 느껴진다면 에너지를 끌어올리는 색을 선택하는 게 맞다.

＿ 겨울형이라면 흰색에 주목하라

겨울을 닮은 태음인은 봄을 품고 기나긴 계절을 건너는 중이다. 겨울동안 만물은 새로운 생명이 나올 봄이 올 때까지 기다리고 생명의 씨를 저장한다. 마치 어머니 품 같은 마음을 가진 이들이 태음인이다.

누구보다 착하고 주변을 사랑한다. 사람들이 고민이 있거나 속이 답답할 때 이 사람을 찾아간다. 겨울이는 얘기를 다 들어준다. 마치 바다가 육지를 흘러내려오는 강을 다 받아내듯이. 겨울이의 주변에는 사람들이 많다.

정작 본인은 자기에게 쏟아진 이야기들을 정화해내지 못하는 경우가 많다. 그래서 자신도 알지 못하는 우울함, 가을형 소음인과는 다른 아주 무겁고 깊은 우울한 감정에 휘말리게 된다. 몸이 냉해서 순환이 안 되는 건 기본이다. 땀이 많이 나고 습해서 차고 습한 음식을 가까이 하면 살이 쉽게 찐다. 게다가 간이 커서 술도 센 편이다.

찌개 국물요리에 술을 곁들이는 회식문화가 대부분인 우리나라에서 태음인은 다이어트 산업의 표적이 된다. 다른 체질보다도 체중이 확 늘었다가 확 줄었다가 하는 변화폭이 큰 고무줄 체중을 가지고 있다. 그래서 더욱 컬러를 잘 선택해 식욕까지 조절하도록 늘 주의해야 한다.

지중해 지방에서 푸른색 접시를 많이 사용하는 것도 같은 이유이다. 풍부한 음식으로 살이 찌는 것을 방지하기 위해 접시에 푸른색을 사용하여 식욕을 떨어뜨린다.

겨울이를 표현하는 색은 검정색이다. 검정을 좋아하고 익숙하겠지만 나의 부족한 것을 채우는 반대 색을 입는 것을 추천한다. 느긋하고 주어지는 것을 받아들이는 것에 익숙한 겨울이에게는 발산하는 에너지가 많은 흰색이 필요하다. 우리나라 사람의 40퍼센트가 겨울이에 해당한다.

하얀색이어도 다 같은 하얀색이 아니다. 쿨톤의 하얀색이 아니라, 웜톤의 하얀색을 권한다. 쿨톤과 웜톤의 구분은 간단히 할 수 있다. 파란색 베이스가 보이면 쿨톤, 노란색 베이스가 보이면 웜톤이라고 보면 된다. 겨울이는 따뜻한 느낌의 하얀색을 입으면 에너지가 양으로 발산하면서 주변 사람들도 더 호감을 가지게 된다.

하얀색은 오행의 색과 신체 장부의 연결에서 볼 때 폐의 기운을 품고 있다. 폐가 약해서 호흡기 질환을 자주 겪기 때문에 폐의 건강을 위한 테라피 색으로 흰색이 제격이다.

더불어 고려할 만한 색은 노란색 계통이나 핑크색 계열

이다. 주변의 많은 것들을 수용하는 성향이 강하므로 적절하게 스트레스를 해소하지 못하면 우울함이 짙어진다. 자신도 모르게 패배감과 무력감에 빠질 확률이 높기에 노랑이나 핑크로 인테리어를 하면 포근하고 애정이 넘치는 상태로 전환하는 것에 도움이 된다.

다 받아주는 겨울 성향 사람은 주변 사람 마음을 평안하게 만들어준다. 뭘 해도 사랑스러운 눈빛으로 봐주는 엄마 같은 겨울이들과 함께 있으면 힘이 나는 것이다. 큰 바다 같은 겨울이. 그들이 있어서 세상의 평화가 유지된다.

_ 봄형에게는 파란색이 필수다

봄형 소양인은 가을 성향 소음인들에게는 부러움의 대상이다. 항상 즐거워 보인다. 가만히 있어도 봄이의 얼굴은 생동감으로 싱글벙글, 눈은 반짝반짝 빛이 난다. 호기심 천국인 봄이는 언제 어디서든 노는 일이라면 빠지지 않는다. 봄이 오면 꽃잎이 흩날리는 그 설렘과 기대감으로 가득 채우고 살아가는 사람들이 봄형 소양인이다.

이들은 위가 아주 좋다. 뭐든 잘 먹고 소화를 잘 하고 단

백질을 잘 흡수한다. 신체 장기 발달 상태와 성격은 아주 밀접한 관계에 있다. 어떤 음식이든 가리지 않고 잘 소화하고 잘 배설하는 것은 봄이의 외향적이고 명랑한 성격을 보여준다. 아주 사교적인 친구들이다.

조금만 운동해도 근육이 잘 붙고 몸에서 솟아 나오는 에너지를 느끼기에 몸이 먼저 나가서 성급하다는 지적을 자주 받기도 한다. 이들은 스트레스를 받아도 놀면서 푼다.

이런 봄이에게는 파란색이 필수이다. 곧 맞이할 여름을 준비하느라 화와 열이 상승 중이므로 푸른 계통의 옷을 입으면 붕 뜨는 기분을 차분하게 정돈할 수 있다. 사무실 책상이나 인테리어 소품에 파란색을 자주 써 보자! 덤벙대는 실수도 많이 줄어들고, 일의 능률도 올라감을 느낄 수 있을 것이다.

봄이가 사용하면 과해지는 색은 빨간색이다. 자신감을 내뿜는 게 자연스러운 봄이는 치장하는 데 열정을 쏟는다. 오버하는 것도 잘 못 느낀다. 치장을 안 해도 이미 발산하는 느낌이 강하기 때문에 붉은색을 피하고 패션에 원 포인트만 주면 더 세련된 이미지를 가질 수 있다.

남성은 귀여운 패턴이 있는 짙은 바다색 넥타이, 여성은 사파이어 목걸이 하나만으로도 충분히 매력을 뽐낼 수 있다.

봄이는 존재 자체가 매력덩어리이기 때문이다.

_ 여름형이라면 세련된 블랙과 한몸

태양을 닮은 여름형 사람들은 말 그대로 태양인 체질이다. 지구상에 0.01퍼센트만 존재하는 것으로 추정되어 데이터도 많이 없다. 장부의 발달에 따른 사람의 체질 분류라는 새로운 한의학 체계를 만든 태양인 이제마처럼 태양 에너지를 가진 사람들은 무에서 유를 만들어낸다.

새로운 세계를 구상하고 현실에 구현해내는 것에 당위성을 부여하므로 열정이 솟구친다. 봄이가 놀고 싶어 하는 열정이 솟구치는 것처럼 여름이는 세상에 자신만의 왕국을 건설하고자 하는 욕구가 넘친다. 그래서 자신의 왕국 안에 들어온 사람들, 흔히 말하는 내 사람을 책임감 있게 잘 보살핀다. 자신의 사람이라고 여기면 목숨 걸고 보호해 주므로 그 그늘에 들어간 사람들은 많은 것을 얻을 수 있다.

이들은 폐가 워낙 튼튼하다. 흔치 않지만 주변에 있는 여름이들은 거의 코로나에 걸리지 않았다. 그리고 걸려도 크게 아프지 않고 잘 넘어갔다. 여름이들의 폐가 건강한 것은 알고 있었으나 이번 팬데믹을 통해 나는 확실히 태양인의 몸은 무적인 것을 느꼈다. 다만 간이 약해 술은 멀리할 필요가 있다.

자연의 에너지 중에 화, 즉 불기운이 가장 세서 온몸의 물이 말라버려 피부가 바스락거릴 정도로 건조하다. 성질이 불 같다는 소리도 자주 듣는 부류이다. 그렇다보니 색깔로 자신의 힘을 얻는 것에 관심이 없을 수 있다.

그래도 추천한다면 검정이나 초록이 좋다. 기운이 뻗치는 여름형이기에 뻗어나가는 기운을 잡아주고 안으로 수렴하게 해주면 안정감을 느낄 수 있다. 심장의 화기가 넘치지 않도록 도움을 주며 간과 신장 기능을 보호하는 데도 도움을 준다.

반면 여름이가 빨간색을 입고 나타나면 주변 친구들은 그 기에 눌려서 불편한 심리를 가질 수 있다. 화에 화를 더하는 형상이기 때문이다. 여름이들이 버럭 할 때는 대부분 자신의 계획에 차질이 생기거나, 예의 없는 사람을 봤을 때이다. 여름이들은 존경 받고 싶은 욕구가 강해서 이것이 무너지면 크게 상심한 나머지 화를 내고 만다. 반면 존경받은 느낌이 들면 에너지를 뿜어내고 예의를 잘 지키는 사람과 만나면 시너지를 크게 낼 수 있다.

_ 퍼스널 컬러로 자신을 브랜딩하라

과거에는 공급자와 소비자, 대기업과 일반 고객으로 나뉘어져서 대기업의 기획 의도에 소비자들이 따라가는 시대였지만, 지금은 소비자가 시대를 주도한다. 소비자를 귀하게 여기지 않는 기업은 망한다. 굴지의 화장품 회사도 새로운 라인을 개척할 때는 개인 브랜드 파워를 가진 인플루언서들과 협업해서 입소문에 올라타려고 한다.

이제는 나 한 사람 개인이 가진 매력으로 돈도 벌 수 있고 시장도 개척할 수 있다. 가히 퍼스널 브랜드 전성시대라 할 만하다. 개인의 장점, 매력, 능력 그리고 인적 네트워크가 그대로 자본이 되는 세상이다. 자기 자신이 곧 자본이 되는 세상, 나 자신의 매력을 개발하고 발산하는 것이 곧장 수익으로 연결된다. 나를 가꾸어야 할 이유는 명확하다. 나의 자본은 나 자신이라는 것.

그래서 외모와 내면 중에 딱 한 가지에 에너지를 집중해야 한다면 나는 단연코 '외모'라고 망설임 없이 택할 것이다. 외모의 변화는 즉각적이고 시각적이다. 바로 알 수 있어서 효능감이 크다. 그 변화를 느끼기 시작하면 내적인 동기부여는 순식간에 일어난다.

자동차가 굴러갈 때는 네 바퀴가 동시에 회전되지만 그 가운데에서도 동력을 먼저 실어 나르는 바퀴가 있다. 동력 바퀴가 앞에 있으면 전륜, 뒤에 있으면 후륜이라고 하잖나. 그 원리로 보면 동력을 가진 바퀴 역할을 외모가 하는 것이다. 우리가 새로운 각오를 하면 삭발을 하거나, 실연을 당하면 머리를 싹둑 자르는 것도 같은 맥락이다.

빠르게, 단순하게 변화할 수 있는 것부터 시작하는 것이다. 내가 삶의 주인이 되어 방향을 설정하는 것이 외모의 변화라니, 해볼 만한 용기가 생기지 않는가!

과거에는 보이지 않는 곳에서까지 효과적인 전략이 필요한 정치인, 경제인, 전문가 등의 영역에서 수요가 많았던 이미지 컨설팅이 이제는 평범한 개인들도 소비층으로 자리 잡은 산업 분야가 되었다. 갈수록 이미지 컨설팅을 필요로 하는 사람이 늘고 있다. 대부분 이미지 컨설팅의 화두는 어울리는 컬러 찾기이긴 하다. 그만큼 시각 이미지, 색의 이미지가 주는 효과가 크기 때문이다. 퍼스널 컬러를 검색하면 다양한 컨설턴트들의 정보가 뜨는 것만 봐도 알 수 있다.

나는 평소 피부, 다이어트, 패션에 관심이 많았고, 나를 모델 삼아 아름다움을 가꾸는 것에 정성을 들여왔다. 그러면서 외모의 변화가 내 내면에 미치는 영향이 크다는 것을 느끼게 되었다. 학문적 기초에 근거한 이미지 컨설팅 공부를 제대로 해봐야겠다는 결심을 한 계기였다. 이미지 코칭을 주제로 석사 과정을 밟으면서 이미지 코칭 학계의 최고 권위자 아래 수학하고, 지금은 국제 이미지 컨설턴트CIC로서 활동하고 있다.

개인 맞춤형 컨설팅을 할 때 컬러 부분에서는 일반적인 퍼스널 컬러를 찾는 방향보다는 소울 컬러를 함께 찾아나가는 작업에 더 비중을 두고 있다. 일반적으로는 피부에 어울리는 색을 찾아야 하지만, 자신의 영혼과 내면이 원하는 색, 필요로 하는 색을 찾는 게 더 중요하다는 생각이다.

소울 컬러는 단순히 어울리는 패션 컬러를 일컫는 게 아니다. 마음을 컬러로 표현하는 일이다. 여기에는 타고난 체질에 따른 약한 고리를 찾아 강화시키는 작업이 반드시 병행되어야 한다. 이것이 컨설팅하는 내내 시선을 클라이언트 내면에 두고 대화를 통해 끊임없이 소통하려는 이유이기도 하다.

컬러가 표현하는 강렬한 메시지 효과를 안다면 오늘 아침 속옷 색깔 하나도 그냥 선택하지 않을 것이다. 다음에 간단히 눈으로 보이게끔 설명해 놓았다. 유용한 팁이 된다면 좋겠다.

체질별 추천 컬러

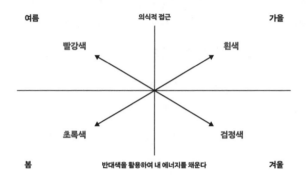

여름　　　　　　　　의식적 접근　　　　　　　　가을

빨강색　　　　　　　　　　　　　흰색

초록색　　　　　　　　　　　　검정색

봄　　　　반대색을 활용하여 내 에너지를 채운다　　　　겨울

셀프 토크 Self Talk 를
시작하라

"뭐 마실래요?"

"음… 아무거나요."

내게 선택은 곧 두려움이었다. 늘 내 마음대로 한다는 것에 막연한 두려움을 갖고 있었다. 의견을 조금이라도 내세우면 "이게 다 너 잘되라고 하는 소리야. 시키는 대로 해."라는 말을 선생님과 부모님께 수없이 듣고 자랐다.

나뿐만 아니라 우리 세대 대부분 여성이 그렇게 성장했을 것이다. 어른들이 요구하거나 정해둔 답이 최상이라고 강요받은 면이 적지 않다. 그러다 보니 자신의 생각과 감정을 알아차리기보다 이미 정해진 답을 따라가기 바빴다.

내 나이를 기준으로 위아래 10년 범위 안에 대한민국 인구가 제일 많다. 한 교실에서 오륙십 명이 넘는 아이들이 아침 8시부터 밤 10시까지 같이 지냈다. 자아보다는 전체를 존중해야 생존할 수 있는 집단 시스템 안에서 성장했고, 지금도 그 기준의 대부분이 규범으로 작용하고 있다. 자신을 위한 최선의 선택보다는 누구에게도 나쁘지 않는 선택을 하도록 도덕적으로 강요받으며 성장한 것이다.

자신의 욕구와 의견에 귀 기울이는 것이 낯설 수밖에 없었던 나는 나이가 들수록 그 증상이 더 심해졌다. 커피 하나도 뭘 원하는지 몰라서 못 고르는 내 모습을 보면서 그동안 나를 너무 모르고 살았구나 싶었다.

작은 선택부터 시작했다. 1년간은 다 같이 분위기에 편승하는 것이 아니라 내 생각을 표현하는 것에 몰두했다. 지금도 완전히 극복한 것은 아니다.

진한 커피 향을 한 모금만 느끼고 싶으면 아메리카노를 마셔도 되는 거지. 다른 커피 맛을 느끼고 싶다면 라떼를 마셔도 돼. 이건 정답을 맞혀야 하는 게 아니야.

속으로 끊임없이 내게 말을 걸었다. 그렇게 자신과 대화를 하다보면 자신을 제3자로 보는 객관적인 눈이 생긴다. 셀프 토크를 하면 알 수 있다. 내가 나 자신에게 무엇을 말하고 무엇을 보게 하는지. 자신을 혼내고 있는지, 무시하는지, 질책하는지. 셀프 토크는 자기 자신에게 공감하는 첫걸음이다. 다음 시범은 내가 늘 하고 있는 셀프 토크의 일례이다. 어려운 일이 아니니 참고해서 도전해 보길 바란다.

셀프 토크를 계속 하면서 깨달은 것은 자기 자신은 속이려야 속일 수 없다는 것이다. 그리고 자신이 무엇을 중요하게 여기는지 깨닫게 된다.

무자기母自欺!

중국 고전 《대학》에 나오는 경구이다. 말 그대로 자기를 기만하면 안 된다는 경계성 문구이다. 수많은 성현과 유학자들이 이 단어를 분분히 해석했다. 어려운 말은 다 접어두고 내가 내린 결론은 단 하나였다. 자기를 속이는 사람의 결과물은 모두 거짓이라는 것.

자기 이름 부르기

○○아

너 거기 있었구나.

잘 지내고 있었니?

여태껏 아주 잘 해내 왔구나.

널 응원해.

잘하고 있어.

comment.　자기 이름을 불러보면 내가 나를 어떻게 대하고 살았는지 느껴진다. 모순투성이라 할지라도 공감하고 토닥이며 손을 잡고 일으켜 세울 수 있다. 제일 먼저 내 이름을 불러줄 걸, 사랑한다고 말해줄 걸. 이름을 부른다는 것은 의미를 부여하는 것이다. 자기 자신에게 의미를 부여하는 중요한 셀프 토크이다.

좋은 생각인지 점검하기

지금 이 생각은 너에게 플러스니? 마이너스니?

누구에게 도움이 될까?

너에게 도움이 안 돼도 정말 괜찮아?

정말 다른 대안은 없는 거야?

그렇다면 괜찮아.

네 생각은 항상 옳아!

comment. 도대체 내게 유익한 생각은 몇 가지나 될까? 그럴 때마다 조용히 말을 걸어본다. 이 생각이 나의 평정심을 되찾는 데 도움이 되나? 혹시 이 생각이 풍차를 돌려서 나에게 부정적인 영향을 미치는 건 아닐까? 생각의 바늘을 영점에 맞추고 어느 쪽 추가 기울지 들여다보는 셀프 토크이다.

예민할 때 어루만지기

아무도 네게 관심 없어.

너만 너 하는 짓이 신경 쓰일 뿐이야.

네가 생각하는 좋은 것, 하고 싶은 것, 만들고 싶은 것.

그걸 해도 돼!

네 마음대로 하는 것이 뭐가 어려워?

세상에 해를 끼치는 것도 아닌데.

그게 뭐든 아무도 너에게 신경 쓰지 않아. 해도 된다고!

comment. 패션이나 쇼핑, 취미 그게 무엇이든 지금까지 안 해본 것을 하려면 보이지 않는 장막이 생각과 실행을 가로막는다. 타인의 시선이나 고정관념 때문에 내 마음대로 하기가 어려울 때 나를 독려하는 셀프 토크이다. 자신을 다독이는 시그니처 주문을 개발해 두고 계속 말을 걸어보면 자기 최면 효과까지 더해져 더욱 용감해질 것이다. '아무도 너 신경 안 써.'는 나의 시그니처 주문이다.

남이 써준 자기소개서로 대학에 입학한들 모두 꽝이다. 수준에 안 맞는 수업을 따라가지 못해 중도에 스스로 포기하는 경우가 많다. 끝이 좋지 않은 정치인이나 사회 저명인사 모두 거짓말이 탄로 나 정상에서 내려온다. 그들은 정상에 오르기 전에 자신이 모래로 쌓은 성 위에 올라가고 있음을 알고 있다. 그러면서도 탐욕에 눈이 멀어 자기 내면의 소리를 외면한다.

자기의 존엄성을 인지하고 나면 저절로 자신을 속일 수가 없게 된다. 종교인들은 신 앞에서 무자기의 자세를 갖출 것이요, 무종교인이라면 거대한 자연 앞에서 그 힘을 느낄 것이다. 무자기 상태에서만이 나올 수 있는 진실함이 자신을 이끌고 가는 엄청난 에너지가 된다. 나의 존재를 인식하는 것! 자신과 건강한 대화를 나누는 힘이 있는 사람만이 자기 포스를 갖게 된다.

동양에서 말하는 무자기는 요즘 한창 회자되는 메타인지에 견줄 수 있다. 메타인지는 자신을 객관적으로 인지할 수 있는 능력을 가리킨다.

메타인지에서 메타meta는 'after' 혹은 'beyond'라는 뜻의 그리스어에서 왔다. 여기에 'knowing'의 의미를 가진 인지를 합성한 말이다. 어원에서 알 수 있듯이 메타인지는 자신을 알아나가는 과정을 그 너머에서 쳐다본다는 뜻이 된다. 내가 아는 것과 알지 못하는 것, 내가 가진 것과 갖지 못한 것, 나의 좋은 점과 부족한 점을 있는 그대로 쳐다보고 인정하고 수용하는 능력을 메타인지를 통해 개발할 수 있다.

학생들은 메타인지를 하고 나면 "내가 모른다는 것을 알게 된다."고 한다. 자조 섞인 푸념 같지만 소크라테스에 버금가는 성찰 아닌가. 전 지구에서 체감상 제일 빡센 중고등학교 과정을 해내고 있으니 말이다. 학생들처럼 단순 명료하게 접근해 보자. 메타인지를 통해 자신을 주체적으로 선택하고 통제할 수 있다.

지금까지 나는 분명 나이기는 한데 뭐라고 딱 꼬집어 한마디로 설명하기 어려운 사람이었다. 메타인지에 접근하고 나면 내가 나를 스스로 설명할 수 있게 된다. 내가 나를 납득하는 것이다. 내가 만든 이론이 아니다. 인지심리학자들이 한 말이다. 세상의 지식은 '알긴 아는데 설명할 수 없는 지식'과 '알기도 하고 설명도 가능한 지식'으로 나눌 수 있고, 이 둘 중에 후자만이 진짜 지식이라는 것이다.

메타인지를 한다는 것은 지금 내가 서 있는 나의 스폿Spot, 시간과 공간의 위치를 정확히 볼 줄 아는 것이다. 스폿에 대해 고민할 필요가 있다. 단순한 물리적 시공을 일컫는 게 아니기 때문이다. 자기 존재에 대한 궁극적인 질문이 닿는 지점이다. 이에 대한 해석은 각자가 내려야 할 몫이다. 분명한 것은 메타인지를 통해 한층 더 초월한 자기 자신에 대해 접근할 수 있다는 것이다.

내가 자주 쓰는 방법은 매우 간단하다. 거울이나 유리창에 비춰진 내 모습을 수시로 바라보고 이미지를 스스로 각인시키는 것이다. 사람들과 대화할 때 어떤 표정을 짓고 행동하는지, 감정은 제대로 잘 전달하고 있는지 확인하기 위해서이다.

나는 대화할 때 되도록 얼굴을 보고 마주 앉아 있고 싶어한다. 얼굴을 마주하고 있으면 상대의 표정이나 반응에서 나의 태도도 짐작할 수 있다. 좀 더 적극적인 자세를 취해야 하는지, 조금 느긋하게 들어줘야 하는지 여러 가지 내 태도를 조정하면서 대화할 수 있다.

전화 통화는 자기 모습을 더 적나라하게 볼 기회이기도

하다. 상대방이 앞에 있는 듯 거울이나 유리창에 비친 내 모습을 찬찬히 관찰한다. 상대를 바라보듯 나를 바라보면 한층 더 차분하게 대화를 이끌어갈 수 있다. 설령 좋지 않은 대화가 오가더라도 객관적 태도를 유지하면서 균형이 무너지지 않게 대화를 이끌 수 있다. 무의식중에라도 부정적인 기운을 내뿜지 않고 객관적 잣대로 성찰하고 바라볼 수 있는 것에 도움이 많이 되었다. 사소하지만 나의 대화 태도를 인지하는 지름길이었다.

거리두기는
관계의 산소 탱크

거의 3년 넘게 겪은 코로나 팬데믹 기간 동안, 가장 많이 들었던 단어가 '거리두기'였다.

'감염될 수 있으니 최대한 만남을 자제하시기 바랍니다.'

방역 당국의 호소를 귀가 닳도록 들으면서 코로나를 무릅쓰고라도 만나야 하는 사람과 양해를 구하고 미룰 수 있는 사람으로 나눠 보게 되었다.

사람과 사람 사이에 물리적인 거리를 둬야 한다는 인식

이 생기자 자연스레 불편한 경계심이 생겼다. 놀랍게도 물리적 거리로부터 심리적 거리를 확인할 수 있었다. 몸과 마음이 하나이듯 물리적 거리는 심리적 거리에 영향을 미칠 수밖에 없다.

심리학에서는 정확한 물리적 거리감의 기준을 제시하고 있다. 인류학자인 에드워드 홀Edward Hall은 '사람은 일정한 공간이 필요한데 자신의 공간 안에 다른 사람이 들어오면 긴장감과 위협을 느낀다.'고 했다. 즉 내 물리적 공간에 들어올 수 있는 사람은 심리적 친밀감에 따라 구분된다는 뜻이다. 우리말의 '사이가 좋다'라는 말처럼 공간적 개념의 '사이'는 관계의 의미까지 내포하고 있다.

에드워드 홀의 주장에 따르면 45센티미터 이내까지는 밀접한 거리로, 연인이나 가족의 접근을 허용할 수 있다. 45센티미터에서 1.2미터는 개인적 거리로 내가 팔을 뻗어 생기는 공간 이내로 들어올 수 있는 사람, 친구처럼 개인적 감정을 교류할 수 있는 공간으로 정의했다. 그 외 사회적 거리, 공적인 거리는 점점 넓혀 나간다는 것이다.

팬데믹 시기에 경험한 거리두기로, 심리적 거리 대상이

대략 판가름났다. 최대한 물리적 거리를 둬야 하는 시기였기에 심리적으로 웬만큼 가깝지 않고는 대부분 사람들과의 약속을 자제할 수밖에 없었다. 결국 심리적 거리가 가까운 사람만 개인적 거리 이내로 들어오게 허용한 것이다.

개인적 거리와 밀접한 거리 이내에 들어와 있는 사람 수도 줄어들고, 소수 정예 인원과 관계를 지속하면서 다양한 현상을 보게 되었다. 부부나 가족 사이가 더 가까워지는 경우도 있었고, 더 많이 싸우게 된 커플도 있었다. 일찍 문을 닫는 식당과 술집 덕분에 이른 귀가를 해야만 했고, 코로나에 걸리면 바로 자가 격리를 하다 보니 새삼 가족 구성원의 역할과 중요성이 부각될 수밖에 없었다. 가족끼리만 한 공간에서 강제로 머물다 보니 서로에 대한 심리적인 의존도가 높아졌다.

설상가상 한창 유행 때는 재택근무가 시작되면서 같은 공간에서 종일 붙어 있다 보니 각자 공간의 한계에서 오는 피로감이 누적되기 시작했다.

너무 가까운 거리 안에 오래도록 나 아닌 사람을 계속 넣어두는 것은 가족이라 할지라도 긴장과 부담을 안겨준다. 서로의 모습을 계속 쳐다보고 행동을 판단하면 불평이 나올 수밖에 없다.

가족도 그러한데 친구끼리는 오죽하겠는가. 자기 반경 안에 가끔은 아무도 존재하지 않는 진공 상태가 절대적으로 필요하다. 적절한 시기에 일정한 거리두기를 하는 것은 심리적 거리도 좁혔다 넓혔다 조절하면서 살아있는 관계를 유지하도록 돕는다.

타인의 개입 없이 나만의 일정 공간에서 혼자 숨 쉬고 생각하는 시간을 갖는 것은 마치 전쟁 같은 일상에서 자연 속으로 홀로 여행을 떠나는 것과 같다. 나를 벗 삼아, 자연에 누워 산들바람을 느끼고 새소리를 듣고, 땅의 온기를 등으로 온전히 느끼며 치유하는 시간에 해당한다.

버지니아 울프는 "여자에게는 자기만의 방과 돈이 필요하다."고 말했다. 그 누구의 방해도 없이 낯선 시선을 유지한 채 나조차도 잊어버리고 숨을 쉴 힐링 공간 하나 쯤은 갖고 있으면 좋겠다. 그것이 꼭 고급 오피스텔일 필요는 없다. 자주 가는 산책길의 벤치 정도여도 괜찮다. 내가 힐링할 수 있는 공간이면 그것으로 족하다.

나의 온전한 심리적 거리두기는 오토바이 위에서 이뤄졌다. 오토바이를 타면 온전히 나와 바이크만 존재했다. 양평으로 강원도로 자연 속으로 달려갔다. 공기의 흐름이 온몸에 느껴질 때 순간이동을 해서 다른 차원으로 들어가는 기분이다. 라이딩에서는 집중하지 않으면 한순간에 사고가 발생할 수 있기에 오로지 내 목숨 하나만 생각하고 행동하게 된다. 나머지 생각과 행동은 할 수도 없고 해서도 안 된다. 하나의 생각, 넘어지지 않고 자연을 느끼며 앞으로 달리는 나만 존재한다. 오로지 달리는 것만 집중하면 모든 것이 사라진다. 딴생각을 할 수가 없다.

이렇게 자신과 대화하고 집중할 공간을 만들어서 세상과 거리두기를 하고 나면 새로이 충전된 에너지로 더 충만한 일을 해낼 수 있게 된다.

정말로 내가 찾는 것과 원하는 것은 무엇일까. 제대로 된 거리두기를 할 수 있는 방법을 찾아보자. 템플스테이가 되어도 좋고, 집에서 종일 음악만 틀어놓고 핸드폰을 꺼 놓는 것도 좋다. 골프가 힐링 스포츠로 인기가 많은 것도 같은 맥락이 아닐까? 라운딩이 시작되면 응급 상황이 아닌 이상 18홀을 마칠 때까지 적어도 4시간은 자연스럽게 외부 상황과 심리적 단절이 일어난다. 완벽한 거리두기이다.

일상에 2주간 즉시 귀가, 이런 시도도 좋다. 내 경우에는 다시 뛰쳐나가게 만드는 자극제가 된 시도였다. 역시 난 여러 사람과 함께 있을 때 아이디어가 번뜩이는 사람이라는 것을 알게 된 것이다. 각자 기질대로 적합한 휴식과 힐링이 되는 거리두기를 짬짬이 활용해 보길 권한다.

나를 응원하는 건 세상에 나뿐인 순간도 있다. 그 시간을 놓치지 않고 자신과 친해지길. 자기와 친하지 않은 사람이 다른 사람에게 긍정적인 포스를 풍기기는 어려울 테니까.

✦ 나를 돋보이게 하는 돈이란

돈은 제3의 자아이다

학창시절에는 예쁜 필기구 고르는 재미를 몰랐다. 지방에는 시내라고 부르는 서울 명동 같은 번화가가 한두 군데씩 있는데, 시내에는 팬시용품을 파는 가게도 있고 새로 나온 음반과 책을 파는 서점도 꽤 크게 자리를 차지하고 있다. 학생들은 틈나는 대로 시내를 쏘다니곤 한다.

당시 우리 집은 아버지의 사업 실패로 어머니가 밥상보 만드는 부업을 할 정도로 어려웠을 때라 감히 시내에 나가 예쁜 것들을 구경하고 다닐 엄두도 내지 못했다. 그리고 뭐가 없어도 크게 불편한 줄 몰랐다. 학용품은 빨강, 파랑, 검정의 모나미 볼펜 세 자루면 족했다. 책가방 안에 던져 넣거나 손에 쥐고 다니면서 바로 꺼내 쓰면 되니까 굳이 필통 같은 것에 돈을 쓸 필요가 없다고 생각했다.

어린 시절에 형성된 돈을 대하는 태도는 성인이 되어서도 꽤 오랜 시간 유지되었다. 제 기능만 다 하면 되지 굳이 예쁘거나 독특한 게 무슨 소용 있나 하는 실용적 태도를 가지게 되었다. 돈이 있어도 꼭 필요한 물건이 아니면 사치라고 여겼다. 기능은 차이가 별로 없는데 디자인에 따라 가격이 심하게 차이가 난다 싶으면 주저 없이 싼 제품을 택하게 되었다.

돈은 그렇게 쓰는 거라고 굳게 믿어왔던 나의 생각을 바꾸는 계기가 있었다. 20대에 떠난 유럽 배낭여행에서 삶이 윤택해진다는 것이 무엇을 의미하는지 깨우치면서이다.

2000년대 초반만 해도 유럽과 한국은 경제, 문화, 의식 수준의 차이가 컸다. 여행하면서 문구점에 들렀는데 정말 다양한 필기구를 구경하게 되었다. 작은 문구용품도 가치 있게 만들고 쓰는 걸 보면서 문득 볼펜 세 자루를 손에 쥐고 다니던 때가 떠올랐다.

유럽은 단순히 돈 많은 선진국이 아니었다. 물론 당시 한

국보다는 잘사는 나라였겠지만, 돈만 많은 것과는 좀 차원이 달랐다. 퇴근 후 노천 테라스 카페에서 맥주 한 잔을 즐기며 웃는 모습, 개성이 드러난 옷차림, 오래되었지만 고유한 멋을 유지하고 있는 건물들, 거리 곳곳에 자리한 조형물과 상징에서 그들이 현재를 향유하는 태도를 느낄 수 있었다. 도시 전체가 하나의 작품과 같았다.

그런 문화가 유지되려면 기본적으로 사회 경제 시스템이 안정되어 있어야 한다. 복지제도가 잘 갖춰져 있어서 서로 존엄성을 훼손하지 않고 삶의 가치가 인정받는 환경이어야 한다. 역사와 문화가 함께 어우러져 수준 높은 문화자산이 되고 이는 개개인 삶에도 지대한 영향을 미치게 된다. 선진국이란 그런 곳이었고 돈이라는 것이 결국은 문화를 만들고 있다는 생각이 들었다. 내가 쓰는 돈도 나의 문화를 만들고 있다는 걸 깨닫게 된 여행이었다.

볼펜은 색깔별로 나오기만 하면 된다고 생각하던 중학생은 이제 한강이 내려다보이는 사무실에서 태블릿으로 글을 쓸 정도의 경제력은 갖췄다. 실용주의적 사고에서 심미적인 가치를 더 중시하게 된 나는 비로소 돈이 나의 일부를 채우고 있다는 걸 깨닫는다. 마치 제3의 자아라고나 할까. 아름다움이 살아가면서 필요한 것들을 선택하는 핵심 기준으로 작용하게 된 것들에 돈이 있었다. 맹목적으로 돈을 좇는 것은 아니지만, 경제적 풍요로움을 마다할 이유 또한 없는 것이다.

돈은 사람을 부지런하게 만들고, 깨어 있게 만들고, 다양하게 만든다. 지금껏 돈 버는 일 따로, 하고 싶은 일 따로 분리해서 사고했기 때문에 돈에 대한 생각이 이중적으로 충돌한 것은 아닌지 생각해 볼 필요가 있다. 돈 때문에 일한다는 말도 안 되는 생각을 머릿속으로 하면서 '이 일만 끝나면, 이 프로젝트만 끝나면'이라는 전제조건을 달고 일하고 있는 것은 아닐까. 돈 벌려고 일하는 것은 자연스럽다. 돈을 벌기 위해 지금 하고 있는 일을 얕잡아 볼 필요는 없다. 불평불만 가득한 시간을 내 가치를 만들기 위해 일하고 있다는 생각으로 전환시켜 보자.

돈 덕분에 내가 더 나다워질 수 있다. 좋아하는 것을 살수 있고, 나를 더 적극적으로 표현할 수 있다. 돈에 대한 안정감과 통제력이 생겨야 취향을 가꾸고, 내 주변 환경을 선택할 수 있는 여유가 만들어진다. 돈은 우리의 꿈을, 우리의 욕망을 실현시켜 준다. 먹고, 마시고, 놀고, 예뻐지고, 즐기고, 누리는 삶. 돈 없이는 불가능하다.

원래 자라고 있는 아이들은 사주를 안 보는 게 원칙이다. 자라면서 어떤 영향을 끼칠지 알 수 없기 때문이다. 명리학 공부에 한창 매진할 때 스승과 함께 아들의 사주를 분석한 적이 있었다. 명리학은 통계로 미래를 짐작해 보는 접근법이다. 아이의 성향을 이해하면 부모로서 좀 더 적합한 방향으로 끌어 줄 수 있지 않을까 하는 생각에서였다. 모든 엄마는 자식에 있어서만큼은 속물근성을 감출 수 없다.

스승께서 제자 기분 좋으라고 한 말씀일지는 몰라도, 아들이 아빠의 100배는 더 번다고 한 말에 내심 펄쩍 뛸 만큼 기분이 좋았다. 집에 돌아와 아들 얼굴을 보자 곧장 속물근성이 발동했다. 미래에 큰돈을 벌건데 싶어서 훨씬 더 친절하게 대하는 것이었다.

상상만으로 아들을 더 떠받들게 된 내 마음은 도대체 뭐였을까. 상상 속의 아들 돈을 마음껏 쓸 수 있어서? 아들을 내가 쓸 돈을 맡겨 놓은 은행처럼 생각해서? 아니다.

'아들이 돈을 많이 번다.'는 말을 들으면 기분이 좋아지고 행복해지는 건 모든 엄마들이 다 똑같지 않을까. 돈을 번다는 건 잘 성장해 어른이 되어서, 성실하고 정성스럽게 자신의 삶을 잘 꾸려 나간다는 의미가 담겨 있기 때문이다. 돈을 버는 행위는 재능과 책임, 창의성, 성실함 이 모든 것들을 인정받는 과정이다. 내가 돈을 많이 번다는 소리보다 자식이 돈을 많이 번다는 소리를 더 좋아하는 이유는 아마 그런 가치를 설명해 주지 않아도 누구보다 잘 알기 때문일 것이다. 돈의 참다운 가치는 존재의 이유를 증명하는 데에 있다.

돈에는 사람의 마음이 들어 있다. 내 입이 즐겁고, 내가 예뻐 보이고, 내 병이 낫고, 나를 기쁘게 하는 것에 돈을 쓴다. 마음을 빼앗긴 곳에 쓰는 거다. 돈을 잘 버는 사람은 사람의 마음을 읽을 줄 안다. 결국 돈 버는 것도 사람의 마음을 얻지 못하면 실패한다.

돈을 좇아가는 중인가? 나는 돈을 좇아가는 중이다. 그래서 열심히 사람을 사랑하고 만나고 그들을 기쁘게 하고 다시 내가 기쁨을 느끼는 것에서 희열을 느낀다. 사람을 이해하고 자신을 긍정하는 마음의 도구로 돈을 다스릴 수 있다면 원하는 삶을 살 수 있을 것이라고 장담한다.

나를 '위하는'
돈을 써라

여성이라면 사연 있는 명품 백 하나 정도는 간직할 법하다. 내게도 그런 가방이 하나 있다. 4년 전 동생과 단둘이 파리를 여행한 적이 있다. 그때 샤넬 전 세계 1호점인 깜봉점에 들렀다. 그곳에서 가장 마음에 드는 가방을 하나 샀다. 여자들의 로망인 샤넬을, 프랑스 본토 1호점에서 사는 것에 의미를 부여했다. 그것도 내가 직접 일해서 번 돈으로 말이다.

참 예쁘다. 들고 다니지 않아도 보기만 해도 그냥 좋다. 당시 느꼈던 파리를 종종 추억하게 만든다. 가방을 고를 때 여자였던 내 마음을 떠올려준다. 끊임없이 미를 추구하고 돋보이고 싶고 그런 걸 다른 사람에게 내보일 수 있는 여자로서 평범한 욕망을 지닌 나를 바라본다.

명품백이라고는 한 손에 꼽을 정도로 몇 개 안 갖고 있다. 화려한 내 외양을 보고는 다들 설마라고 하지만 사실이다. 가벼운 미니백 하나면 외출하기에 충분하고 명품 사는 데 쓰는 돈이 좀 아깝기도 하다. 사업상 격식을 차리고 입어야 할 때가 있어 몇 개 갖고는 있지만 자주 들지 않는 가방에 큰돈을 쓰는 게 아직 선뜻 내키지 않는다.

고인이 된 김자옥 배우가 명품관에서 가방을 고르고 있는 20대 여성들에게 이런 말을 했다고 한다.

"얘들아, 나이 들면 무거운 가방 필요 없어. 그 돈 있으면 피부 관리나 받아 둬."

참 현명한 말이다. 내가 생각하는 돈을 쓰는 우선순위는 단 하나이다. 시간이 지나도 없어지지 않는 것, 몸에 유익한 것, 몸에서 떨어지지 않는 것에 먼저 쓴다. 몸으로부터 분리되는 것은 항상 2순위이다. 그것이 나를 '위하는' 돈 쓰는 방법이라고 생각한다.

나로부터 분리되지 않으면서 나를 위하는 돈 쓰기란 어떤 걸까.

첫째, 먹는 데 돈을 쓰는 것이다.

나는 이것저것 푸짐하게 잘 차린 것보다는 가장 먹고 싶은 하나를 택하는 편이다. 위가 예민하고 작아서 많이 먹을 수도 없다. 한 끼 한 끼가 나에게는 기회이다. 잘못 선택하면 그냥 돌이킬 수 없이 한 끼는 망치는 셈이다. 잘 골라 먹을 때 그 만족감이 나를 행복하게 만든다. 대접받는 느낌을 주는 식사

자리에는 돈을 쓰는 편이다. 반면 어떤 친구들은 한꺼번에 몇 가지를 놓고 푸짐하게 먹기를 좋아한다. 둘 중에 더 현명한 식사법은 없다. 자기가 먹는 데서 행복을 느끼는 방식을 찾으면 된다. 대식가들은 나처럼 먹다가는 오히려 불행해질 것이다. 대충 끼니를 때우는 식사가 아닌 자신을 위한 음식을 먹어야 한다. 영양과 오감이 충족되는, 자신을 위해 먹을 줄 알아야 한다.

둘째, 운동에는 오늘보다 내일 더 많이 쓸 것이다.

20대에는 개인 트레이너한테 시간당 비용을 지불하고 운동하는 사람을 이해할 수 없었다. 알아서 뛰고 스트레칭 하면 되는데 그 많은 돈을 왜 트레이너에게 주나 싶었다.

20대에나 가능한 생각이었다. 가만히 있어도 먹은 것을 다 연소시킬 만큼 대사량이 활발하고 근육도 퇴화 전이라 빵빵하다. 이랬던 몸이 30대에 들어서면 확 달라진다. 믿기지 않겠지만 우리 몸의 최전성기는 20대이다. 근육은 서른 살을 전후로 해마다 3~8퍼센트씩 줄어들기 시작해서 40대가 되면 급격하게 감소하기 시작한다. 갈수록 자세는 삐뚤어지고 엉덩이까지 푹 꺼진다. 늘어나는 뱃살, 덜렁거리는 팔뚝살은 혼자 용쓴다고 해결될 문제가 아니다.

게다가 의욕도 나이를 먹는다. 옆에 누구라도 붙어서 내게 명령 아닌 명령으로 북돋아줘야 겨우 한 시간이라도 근육 운동을 하고 림프를 순환시킬 수 있다. 이 돈은 다른 지출 비용을 아껴서라도 써야 한다.

셋째, 마사지에 쓰는 돈은 내 영혼을 살리는 돈이라 생각하고 아끼지 않는다.

누군가 내게 돈을 얼마나 벌고 싶냐고 묻는다면 나이 들어 죽기 전까지 매일 두 시간 마사지를 받을 정도로 벌고 싶다고 말하겠다.

기분이 처지거나 우울해지면 마사지를 받으러 간다. 마음의 괴로움과 육체의 피로로부터 나를 구해내는 손길과 같다. 누군가 내 몸을 정성스럽게 어루만져주면 내가 존중받고 사랑받고 있다는 느낌이 든다.

좋은 아로마오일로 마사지를 받으면 피부 감각이 살아난다. 림프가 순환되어 노폐물이 몸 밖으로 배출되면서 부종도 가라앉혀 준다. 지방과 각종 노폐물과 수분이 쌓여서 생기는 부종을 예방하는 나만의 투자이다.

더불어 불면증, 우울증 같은 무기력한 심리 상태에서 빠르게 빠져 나오고 싶을 때에도 도움이 된다. 마사지를 받다 보면 잠이 살짝 들 때가 있는데 10분이 되었든 30분이 되었든 깨어났을 때 나도 모르게 다른 세상에 다녀온 느낌이다. 마치 수면 내시경을 받을 때처럼 운동과는 또 다른 신체적인 변화를 가져온다.

스킨십은 행복 호르몬이라는 옥시토신을 분출시킨다. 이렇게 어루만지고 쓰다듬어 주면 나오는 호르몬을 돈을 주고 살 수 있다면 사야지. 내가 행복을 사기 위해 돈을 쓴다면 그건 바로 마사지이다.

넷째, 배우는 데 돈 쓰기를 주저하지 않는다.

원동기 면허를 따기 위해 교육받는 동안, 함께 이수하던 사람들은 면허시험을 치르고 통과해서 다 떠날 때, 나는 한 세션을 다시 등록했다. 20일 동안 아침마다 두려움에 울먹이면서 집을 나섰다. 간이 콩알만 해서 누가 소리만 질러도 놀라고, 싸움구경, 불구경은 절대 하지 않는 겁 많은 내가 오토바이를 탈 수 있는 것은 오로지 다른 사람보다 한 번 더 받은 교육 덕분이다.

운전을 업으로 하는 사람도 한 번에 따기 어렵다는 원동기 시험을 한 번에 통과했지만 면허증만 땄을 뿐 실전에서 타는 것은 전혀 다른 이야기였다.

그때부터 진정한 라이딩 교육은 다시 시작되었다. 자동차 운전도 그러하지만, 오토바이 운전은 내 생명과 직결된 것이기에 라이딩 기술을 익히는 데 돈을 아끼는 것은 생명을 단축시키는 것과 같다고 생각했다.

유명 바이크 코치들에게 두루 강습을 받았다. 겁이 나를 눌러서 교육 시간에 코치들과의 인생수다에 시간을 다 썼다. 머리로 이해하고 가슴이 안정된 다음 몸을 움직이는 타입이라서 코치들과 라포를 형성하고, 힘들다고 징징거리고, 그분들 이미지 코칭도 좀 해드리고 나면 실제 교육받은 시간은 얼마 안 되었던 것 같다. 그래도 끊임없이 교육에 돈을 쏟은 덕에 살아서 타고 다닌다. 가성비는 낮아도 그렇게 익힌 기술은 평생 나의 라이딩 자양분이 되어 주었다. 그러니 어찌 배우는 데 돈을 쓰지 않을 수 있을까.

다섯째, 여행에 쓰는 돈은 나를 위한 선물비용이라는 마음으로 기꺼이 쓴다.

요 몇 년은 국내 아름다운 명소를 여러 군데 갈 수 있어서 참 귀한 시간이었다. 그곳에서 쌓은 추억들은 일상을 유지시켜 주는 힘이 되었다. 특히나 제주도와 사뭇 다른 느낌의 거제도와 진도는 섬이 주는 선물이 무엇인지 온전히 느끼게 해 주었다. 내 눈으로 본 것은 내 머리에 들어간다. 그걸 누가 가져갈 수 있을까. 오직 나만이 나의 여행을 간직할 수 있다. 내 마음속 여행지 스페인 이비자, 프랑스 파리, 스웨덴 스톡홀름, 필리핀 보라카이 등등은 이름만 떠올려도 가슴이 울렁거리며 추억이 되살아난다. 쓸 수만 있다면 마를 때까지 돈을 다 쓰고 싶은 게 여행이다.

여섯째, 친구에게 쓰는 돈은 사라지지 않는 돈이라고 생각한다.

꽃을 살 때 돈이 사라지는 것 같은 느낌을 받은 적이 있는가? 살아생전 엄마도 그러셨다. 쓸데없는 곳에 돈을 쓴다면서 장미 한 송이를 곱게 유리컵에 꽂아 두곤 하셨다. 그 꽃은 곧 시들고 사라졌지만 사라진 게 아니다.

그럼에도 꽃 사는 데 돈 쓰는 게 아깝지가 않다. 친구를 오랜만에 만나거나, 첫 만남이거나, 그냥 주고 싶어서 거의 모든 만남에 꽃을 들고 나타난다. 가득 찬 큰 다발이 아니라도 엣지 있는 몇 송이를 쓱 안겨준다.

항상 들르는 꽃집에 가서 오늘 만날 사람을 생각하며 꽃을 고르면 내 손길에 상대의 마음이 연결되는 듯하다. 신기하게도 처음 만나는 사람에게도 어울리는 꽃다발을 만들어낸다. 상대를 생각하고 그에게 기쁨을 주고자 하는 나의 순수한 열망이 한 사람에게 어울리는 색과 분위기를 찾아내는 것 같다. 그리고 꽃을 들고 나타나면 그들이 보이는 행복한 미소가 돈을 잊게 한다. 절대 돈이 사라졌다는 기분이 들지 않게 해준다. 어쩌면 크지 않은 돈으로 욕심껏 내 감정을 발산하는 건지도 모른다. 상대방이 나를 떠올리면 꽃이 오버랩 되어 또 만나고 싶다는 마음이 든다면 더 바랄 게 없다.

다른 사람을 기쁘게 하는 데 쓰는 돈은 나를 기쁘게 만드는 돈이나 마찬가지이다. 꽃이 아니더라도, 금액이 크지 않아도 한 사람만을 위한 정성에 감동과 사랑이 남는다. 돈을 쓰고 사랑이 남는다면 가장 가치 있는 게 아닐까!

돈을 쓰면서 통제하는 법을 터득하자. 사람은 자기 마음이 움직이는 곳에 돈을 쓴다. 돈이 쓰인 곳을 보면 내 마음을 어디에 두고 있는지 알아차릴 수 있다.

혹시 나에게 쓰는 돈보다 주변 사람에게 쓰는 돈이 더 많은가. 그렇다면 인정받고 사랑받고 싶은 욕구가 큰 사람이다. 치장하고 관리 받는 데 돈을 많이 쓰는 편이라면 자기를 표현하고 싶어 하는 욕구가 큰 사람이다. 책을 읽고 미술품을 사고 뮤지컬 보는 데 돈을 많이 쓰고 있다면 영혼의 허기를 달래는 중이 아닐까.

자세히 보면 내가 쓰는 돈이 내가 나를 바라보는 시선이라는 걸 알 수 있다. 좋고 나쁘고 판단하는 건 다른 사람의 입방아이지 내 가치판단이 아니다. 써라. 맘껏, 자기 자신을 위해서. 그리고 자기를 알아차리자. 자기를 알지 못하고는 행복에 이르는 문을 열 수 없다.

◆ **나를 지켜주는 건 나뿐이다**

몸은 나의 역사책

우리가 존재함에 몸이 9할이다. 아니 10할이다. 아침에 눈을 뜰 때 현실인지 아직 꿈속인지 아리송할 때 몸이 깨어남과 동시에 영혼도 꼼지락대기 시작한다. 몸이 완전히 깨어나는 순간 정신도 온전히 현실로 돌아온다.

몸은 살아온 흔적, 세상을 바라보는 관점, 자신을 향한 애정이 기록된 자기 역사책이다.

어느 요양 보호사는 목욕봉사에서 어르신들을 목욕시킬 때 가장 숙연해진다고 했다. 몸을 보면 살아온 시간의 처절함이 느껴진다는 것이다. 전쟁과 산업화의 소용돌이 속에서 여기저기 상처의 흔적이 남아 있고, 기계처럼 노동한 세월 탓에 특정 신체 부위가 변형이 된 분도 심심찮게 보인다. 이제 몸도 가누지 못해 씻는 일조차 남의 도움을 받아야 하는 처지가 되었지만 파르르한 손 떨림에는 부끄러움이 남아 있고, 간절한 눈빛에는 미안함도 읽힌다. 움직여지지 않는 몸으로도 온 마음을 다해 고마움을 표한다는 것이다.

몸은 나를 감싸고 있는 보자기 같은 것이다. 사람다운 사람, 어른다운 어른, 여성다운 여성, 엄마다운 엄마, 아내다운 아내가 되기 위해서는 개인으로서의 몸이 건강해야 한다.

나는 이제 50대를 향해 가고 있다. 50세 이후에는 지금보다 더 많은 직업을 가질 수 있다고 생각한다. 우리 사회는 너무 빨리 사람을 써먹고 너무 빨리 버린다. 100세 인생이라고 말하면서 50대 중반부터는 집으로 돌려보내려고 한다. 20대 중반에 사회에 나와서 50대 중반에 은퇴하면 100세 인생에서 고작 30년 직업을 갖고 일해서 먹고사는 셈이다. 70년은 가족의 도움과 자신이 저축해 둔 돈으로 생활해야 한다.

열심히 사는 것도 중요하지만 돈을 버는 것과 마찬가지로 자기 몸을 관리하는 것도 때가 있음을 잊어버리면 안 된다.

은퇴를 대비한 재테크를 하듯이 몸테크를 해줘야 한다. 젊었을 때부터 계획을 세우고 꾸준히 관리해 나가지 않으면 남은 시간은 병원에서 보낼 수밖에 없다.

몸테크도 재테크도
시간이 자산

셀 수 없이 쏟아지는 건강정보들을 종합하면 몸을 위해 해줘야 할 일은 몇 가지로 압축할 수 있다. 적게 먹고, 운동하고, 근력을 키우는 것. 이 세 가지면 몸을 충분히 관리할 수 있다. 한 가지 덧붙이면 스트레스를 최소화하는 마음 관리를 병행하면 더 없이 좋다.

카르멘 델로레피체Carmen DellOrefice는 아직도 왕성한 활동을 펼치고 있는 세계에서 가장 나이 많은 모델이다. 1945년 열다섯 살 어린 나이로 최연소 보그 모델로 데뷔한 그녀는 24세에 결혼과 동시에 잠시 활동을 그만두고 40대에 다시 복귀했지만 여전히 명불허전의 모델이다. 그녀 또한 경단녀의 늪을 건너왔다. 복귀를 하기 위해 쏟아낸 노력은 우리가 듣지 않아도 짐작할 수 있다. 그렇지 않고서야 어떻게 90세가 넘는 나이에 그런 몸매와 마음을 유지할 수 있겠는가.

게다가 최근에는 세미 누드 화보를 촬영해 세간의 이목을 집중시켰다. 하얀 침대 시트에 가려진 몸 위로 직각의 어깨를 고고하게 세우고 매끈한 두 다리를 뽐내며 촬영했는데 그 포스가 가히 시선을 압도한다. 그녀의 두 다리는 익히 보아왔던 할머니 다리가 아니었다.

그녀는 화보 촬영 후 이어진 인터뷰에서 100세가 넘도록 현역으로 활동하고 싶다며 "나이가 들어 열정이 사라지는 게 아니라 열정이 사라지면 나이가 드는 것."이라고 말했다. 또한 끊임없는 활동 비결에 대해 "우리는 매일 성장한다. 끝날 때까지 끝난 게 아니다. 어제로부터 무언가를 배우고 끊임없이 나를 변화시킨다."고 답했다. 나이를 가늠하기조차 어려운 활기찬 외모를 유지한 비결로는 식단 조절과 충분한 수면, 편안한 마음 관리를 꼽았다.

그녀를 보면서 난 젊으니까 지금이라도 노력하면 모델이 될 수 있을 것이라고 생각하는 사람도 있겠지만, 그건 국가대표 선수촌에서 관리를 해줘도 어려운 일이다. 그녀의 결과에는 오랜 시간의 몸테크가 녹아 있기 때문이다. 그 시간을 뛰어 넘을 수는 없다.

보통 사람에게 시간은 최소 씨드 머니와 같다. 유튜브의 콘텐츠크리에이터도 최소 3년은 한결같이 전문 콘텐츠를 올려야 승부를 본다. 주식 투자를 하려고 해도 최소 씨드 머니를 모으는 기간이 필요하고 시장을 공부하는 시간이 필요하다. 아름답고 건강한 몸은 더 말할 필요가 없다. 끊임없이 시간을 투자해야만 몸이 내 삶의 발판이 되어줄 수 있는 것이다.

그 어렵다는 보험 영업이나 네트워크 마케팅도 마찬가지 이다. 시간을 투자하지 않고서는 소득을 창출할 수 없다. 우리 모두에게 주어진 시간은 공평하고 그 시간을 어떻게 쓰냐에 따라 결과가 달라진다. 시간은 없는 사람에게 주어진 최소의 인생 마케팅 밑천일 수밖에 없다.

적게 먹고, 운동하고, 근력을 키우는 일에 시간을 투자하 자. 나를 지켜줄 수 있는 것은 나뿐이다.

자기 긍정을 올려주는 질문

1 최근 가장 즐거웠던 일은 누구와 무엇을 했을 때였는가?

....

2 나를 위해 소비한 지출 내역을 적어 본다.

....

3 가장 최근 교육받은 프로그램은 무엇인가?

....

4 스트레스를 풀기 위해 하고 있는 일들이 있는지 적어 본다.

....

5 세상이 공평하다고 느낀 일이 있다면 떠올려 본다.

....

6 꿈이 있다면 구체적으로 써 보고, 주변에 나의 꿈과 공통의 꿈을 꾸고 있는 사람이 있다면 누구이고 몇 명인지 적어 본다.

7 애정을 쏟는 반려동물과 반려식물을 생각해 보고 얼마의 시간과 돈을 쓰고 있는지 써 본다.

8 적극적으로 활동하는 커뮤니티 활동이 있는가?

9 호기심을 갖고 도전하고 있는 일을 써 본다.

10 모두가 반대하는 일을 추진해서 성공한 적이 있는가?

4장

사람 사이에서
빛나는 포스 만들기

삶의 모든 과정은 내 마음에 드는 나를 만들고 이를 발판으로 더 나은 삶으로 나아가는 에너지를 얻는 일이다. 더는 사람 사이에서 힘들지 않고, 휘둘리지 않고, 멋지고 당당하게 살아가는 법, 그래서 더욱 필요한 사람이 되는 법을 알아보자.

매일 내 안에서 만족을,

그리고 내 존재에 대한 감사의 마음을 느끼지 못한다면

내가 잘못 살고 있다는 뜻이다.

– 한스 크루파 –

✦ 사람들에게 부담 없이 다가가는 법

세계관이 같은 사람을
만나라

관계는 참 골치 아프다. 순탄하게 지내는가 싶다가도 갑자기 급브레이크 걸거나 급발진하는 경우가 많다. 사귀면 사귈수록 더 어려워지고 조심하게 된다. 서로 다르다는 것을 인정하기까지 상당한 시간과 노력이 들어간다. 공을 들여도 겉도는 인간관계는 생기기 마련이다. 오죽하면 원만하지 못한 인간관계를 물과 기름에 비유할까. 어떤 식으로든 서로 차이를 인정하고 받아들이는 과정을 '친해진다'라고 표현하는 것 같다.

한때 커뮤니티를 뜨겁게 달군 산수 문제가 있었다.

친구 두 명이 공동으로 투 룸을 계약하면서 월세 100만 원을 반으로 나눠 내기로 했다. 방 두 개 가운데 조금 더 큰 방을 쓰는 친구가 10만 원을 더 내기로 했다. 월세를 내는 날 10만 원을 더 내기로 한 친구는 55만 원을 냈다. 다른 친구는 왜 60만 원이 아니고 55만 원인지 이의를 제기했다. 큰 방을 쓰기로 한 친구는 '10만 원을 더 내기로 했으니 55만 원을 내면 45만 원을 내는 친구보다 10만 원이 더 많은 게 맞다.'고 답했다.

이 문제에서 사람마다 60대 40인지 55대 45인지 의견이 엇갈렸다. 100만 원을 먼저 반으로 가르면 50만 원이고 여기에 10만 원을 더하면 60만 원을 내는 게 맞다고 생각하는 사람. 10만 원을 더 내기로 한 것이 애초 조건이니 55만 원을 내면 45만 원 내는 사람보다 10만 원이 더 많아져서 맞다고 생각하는 사람.

이 두 관점의 차이는 문제를 각자 입장에서 바라보는 데에서 비롯된다. 작은 방을 쓸 친구는 자기가 낼 월세 50만 원에서 10만 원을 덜 내는 관점에서 계산했다. 큰 방을 쓸 친구는 50만 원에서 10만 원을 더 내면 친구가 내는 몫보다 20만 원 차이가 나니 자신의 몫이 아닌 전체의 비용에서 10만 원 차액만 내면 되는 것이라 생각한다. 같은 100만 원 안에서 서로 관점과 사고의 차이가 치열하게 공방을 벌인다.

그러다 제3의 방법도 생각해낸다. 가령 월세 100만 원 외에 관리비나 전기세와 인터넷 사용료 등의 공공요금도 10만 원 이상 발생할 것이니 월세는 똑같이 50만 원을 내고 공공요금을 10만 원을 더 내기로 하는 식이다. 또 어떤 사람은 이렇게 다른데 앞으로 같이 살면 피곤하겠다 싶어서 헤어질 결심을 한다.

산수 문제 같지만 이것은 인간관계 문제이다. 내가 친구들에게 이 문제를 퀴즈처럼 냈을 때 한쪽으로 결론이 나지 않았다. 대개 60만 원이라고 생각하고 출발했는데 따지고 들기 시작하니까 55만 원인지 60만 원인지 팽팽하게 맞서기 시작했다. 학교 때 배운 방정식까지 들먹거리며 싸우는 친구들을 보며 이건 인간관계 문제라는 확신이 들었다.

상대방보다 10만 원 더 내기로 했다면 55만 원, 내가 원래 부담할 금액에서 10만 원 더 낸다는 의미로 받아들이면 60만 원이다. 어떤 관점으로 플러스 10만 원을 설정하느냐 차이이다. 관점을 합의하든가 반이라는 명제를 다시 정하기 전까지는 결론이 날 수 없는 것이었다.

만약 비슷한 관점을 가진 친구였다면 갑론을박이 벌어지지 않았을 것이다. 자연스럽게 55대 45 혹은 60대 40이 되었을 것이다. 사람에게 다가갈 때 그 사람이 어떤 세계관, 삶의 태도로 살아왔는지 면밀히 살펴봐야 한다는 생각이 들었다.

재미있는 것은 이 문제로 갑론을박을 벌이는 걸 보면서 친구들 각각의 성향을 알 수 있었다는 점이다. 간단한 가상의 돈 문제인데 생각 차이, 대하는 태도, 상대를 배려하는 깊이까지 대강 파악되었다. 그렇게 오래 토론할 문제도 아니었다. 차이는 5만 원인데 자기 중심 사고를 하는 사람과 타인 중심 사고를 하는 사람을 구분할 수 있다는 건 의외의 수확이었다.

사람과 사람 사이에도
환절기는 존재한다

간단한 농담으로 시작된 월세 문제에 방정식까지 들먹거리며 정색하고 덤비는 친구. 그 친구는 매사 정확하고 냉정하고 빈틈이 없었다. 직업도 은행원이다. 처음 만났을 때는 깎아 놓은 연필심처럼 뾰족한 느낌에 다가가기 어려웠다.

지금은 웃음이 나온다. 그게 방정식까지 들먹거릴 일이냐고! 하지만 돈을 다루고 매사에 논리가 정확한 친구 입장에서는 어떻게든 자기 말이 맞음을 증명하고 싶었을 것이다. 다른 사람을 이겨 먹기 위해 애쓴 게 아니다. 그 친구는 그런 자기 내면을 가진 사람이다.

"너 그게 방정식까지 들이댈 일이야? 그렇게 말하면 정나미 떨어져."

친구는 내 말에 당황한 모양이었다. 그가 왜 그러는지 너무 잘 아는 나는 웃으면서 말했다.

"수학적으로 옳은 계산을 하는 게 아니고 그냥 유머잖아."

순간 친구 눈에서 '아!'가 불발된 불꽃처럼 발사되는 듯했다. 이제 길게 말하지 않아도 서로가 알아들을 나이. 서로 알아듣는 사이가 되기까지 우리도 얼마나 많이 싸워왔는지 모르겠다.

어떻게 하면 톤 앤 매너가 잘 안 맞는 사람들과 잘 지낼 수 있을까.

그 근본적인 해결책은 '자신감'이라고 생각한다. 앞에서 느끼셨겠지만 나는 엄청 자신감이 없고 스스로 별로라고 생각했던 사람이다. 그런데 지금은 많은 사람들과 교류하면서 파티도 하고 프로그램도 운영하고 있다.

10년 전 나는 남편과 아이들밖에 없었는데 그때와 비교하면 엄청 달라져 있다. 상황은 무척 달라졌지만 나에게 달라진 것은 딱 하나 밖에 없다. 자신감. 나 스스로를 괜찮은 사람으로 여기기 시작했다는 것, 그것 하나가 달라졌다.

자신감이 없었을 때는 '실패'를 미리 몇 발자국 마중 나가 있었던 것 같다.

내가 먼저 아는 척하면 이상하게 생각하지 않을까?
이 말에 기분 나빠하면 어떡하지?
물어봤다가 이런 것도 모르냐고 하면 어떡하지?
이런 내 모습이 창피하다고 하면 어떡하지?

작은 것을 하나 하려면 '어떡하지'의 연속이었다. 부정적이고 나쁘고 실패인 쪽으로 생각이 미리 나와 있었다. 나는 왜 이 모양일까 늘 자신을 탓했다. 자신감이 있으면 적어도 이런 실패를 점치는 습관은 없었을 텐데….

자신감은 멀리 있지 않았다. 자기를 인정하면 되는 거였다. 자신을 인정하고 나면 조금 더 과감해질 수 있다. 내가 먼저 아는 척하면 이상하게 생각하지 않을까 했는데, 먼저 아는 척하고 싶은 나의 마음에는 반가움, 혹은 그 사람을 향한 호감이 있었던 거다. 반가워서 먼저 아는 척하는데 나를 이상하게 볼 사람이 있겠는가. 그렇게 생각하는 사람과는 친구 안 하면 되지. 이렇게 내 마음을 알고 나니 훨씬 더 밝은 에너지를 갖고 상대에게 다가갈 수 있었다.

분명 관계에도 웜톤과 쿨톤이 존재한다. 나에게 따뜻한 사람이 있고 차갑고 냉정한 사람도 있다. 그런데 이렇게 다른 사람끼리는 서로의 온도를 맞추는 환절기 같은 기간이 꼭 필요한 것 같다. 너무 성급하게 다가서거나 끌어당기려 들지 않고 환절기를 보내고 나면 관계의 참맛을 볼 수 있지 않을까.

처음에 조금 냉정하더라도 아주 쿨한 멋진 친구가 될 수 있고, 처음에 엄청 따뜻하다가도 금세 자기 온도를 알고 적당한 거리를 유지하게 되기도 한다. 그 환절기를 견디지 못하는 사람은 친구로서의 자격이 없는 것 같다. 모름지기 친구라면 서로 친해질 노력은 해야 하는 거 아닐까. 아무 노력도 안 하는 사람과 굳이 친구가 되려고 애쓸 필요는 없을 것이다.

숙제 같은 사람
만들지 않기

나는 그녀를 참 좋아한다. 언제나 솔직하고 자신의 욕망에 충실하며 감정이 풍부한 사람이다. 주얼리를 공부하면서 이런 사람이 정말 다이아몬드가 아닐까 하고 생각했다. 그 어떤 스크래치도 허용하지 않는 다이아몬드. 색의 혼탁함도 허용하지 않고 자신을 자를 수 있는 다른 도구도 허용하지 않는 원석. 세공하기 전 날것의 매력을 그대로 가지고 있어서 많은 사람들이 따르는 사람.

조르주 상드, 그녀가 세상을 떠날 때 〈레미제라블〉의 빅토르 위고는 추도사를 썼으며 〈보봐리부인〉의 플로베르는 눈물을 멈추지 못했다. 파리 문단과 예술계에서 그녀와 편지를 주고받지 않은 사람은 드물다. 죽기 전까지 그녀가 예술가로서 연인으로서 주고받은 편지는 4만 통이 넘는다고 한다. 수많은 스캔들의 주인공이었으며 탁월한 사회운동가였다.

그녀로부터 영감을 받아 탄생한 작품 중에 우리가 가장 잘 알 만한 것 하나만 대라면 〈녹턴〉일 것이다. 쇼팽의 곡 가운데 한국인이 가장 좋아한다는 피아노곡인 〈녹턴〉은 쇼팽이 상드와 머물던 마요르카에서 쓴 곡이다.

쇼팽이 상드를 만났을 때 그녀는 여섯 살 연상으로 이미 결혼해서 두 명의 자녀가 있었다. 병약한 작곡가와 남복 차림에 시가렛을 물고 클럽을 드나들던 소설가의 만남! 쇼팽의 유명한 곡은 대부분 상드와 함께 살던 시기에 작곡한 것이라 한다. 하지만 병약한 쇼팽을 어머니처럼 돌보던 상드가 이별을 통보하자 쇼팽은 견디지 못하고 얼마간 앓다가 죽었다고 한다.

상드 같은 여인은 우리 주위 곳곳에 숨어 있다. 그들은 자신의 재능으로 타인에게 영감을 불러일으키고 삶의 원동력이 되어준다. 내게 없는 매력을 가지고 자신 곁으로 오라고 불러들인다. 닮고 싶어도 도저히 따라갈 수 없을 것 같은 타고난 에너지가 그들에게는 있다. 그렇다고 해서 오래 질질 끌지도 않는다. 다 즐겼다 싶으면 미련 없이 자리를 털고 일어선다. 늘 주변에 사람이 끊이지 않는데 그들끼리는 연관성도 별로 없다.

한마디로 핵인싸. 그런데 나는 이런 사람이 숙제같이 느껴진다. 호응을 안 하면 안 될 거 같은 인상을 자꾸 받는다. 호응하지 않으면 나만 그 대열에서 이탈하는 느낌이다. 그들은 엄청난 에너지를 갖고 상대를 당겼다 밀었다 한다. 나에게 주어진 관계이고, 같이 어울려야만 하는데 빨리 끝내고 싶은 숙제 같은 느낌을 받는다. 좋고 매력도 충분한데 내가 감당할 수 없을 것 같다.

한편 나를 숙제처럼 여기는 사람도 있을 것이다. 만나면 밝아서 좋은데 뜬금없는 소리를 계속하니까 점점 알 수 없는 사람처럼 느껴질지도 모르겠다.

우리 모두는 가만히 들여다보면 숙제처럼 안고 있는 인간관계 하나씩은 있다. 어떻게 풀어야 할까.

솔직한 것 이상 답은 없다. 하고 싶은 말이 있으면 하자. 괜히 상대방 기분을 헤아린답시고 안 하고 미루다가는 그건 영원히 끝내지 못하는 숙제가 될지도 모른다. 말했다가 상대가 기분 나빠할 수도 있지만 영원히 헤어지는 것보다는 낫지 않을까?

여기서 한 가지 더 생각해 둘 것은 나와 상대방의 입장이 다르지 않다는 것이다. 내가 숙제로 여기는 관계라면 상대방도 나를 숙제로 여길 수 있다. 내가 할 말이 있으면 상대도 그만큼 할 말이 있다. 어렵고 힘들지 않은 관계란 없다. 원래 인간관계는 어려운 것이다.

상드에게 쇼팽이 좀 더 자신의 기분과 마음을 솔직하게

풀어놨다면 우린 지금 더 어마어마한 피아노곡을 듣고 있을지도 모른다. 서로가 서로를 숙제처럼 여기지 않았다면 둘은 영영 이별한 뒤 장례식조차 안 오는 관계가 되지는 않았을 것이다.

주인공 만들어 주기

　　　　　　　첫인상이 별로인 사람은 생
각보다 많다. 처음 보는 얼굴인데 첫인상이 별로인데다 나한
테 호감까지 보인다 하면 사람들 마음은 주사바늘에 자극 받
은 실핏줄처럼 숨어버린다. 나도 과거에는 첫인상에 많이 좌
우되었다. 내가 나에 대한 기대치도 높았고 남을 보는 기대치
도 높았던 과거의 어떤 날들에는 그랬다. 백 퍼센트라곤 못하
지만 지금은 첫인상으로만 사람을 판단하는 일은 거의 없는
편이다.

　　한 사람 한 사람 모두 자기별의 주인이 아니던가. 사람들
은 저마다 고유의 품위와 무게감이라는 게 있다. 다 가려놔도

말 한마디만 섞어보면 자신만의 포스를 내뿜는다. 말투나 차림새가 내 스타일이 아니어도 온전하게 존중하는 마음의 자세를 갖추려고 노력 중이다.

어느 날 바이크 라이딩에서 어떤 60대 남성을 알게 되었다. 우리 리더를 따르는 사람들이 여기저기에서 합류해서 그와도 한 무리가 되었다. 오토바이 타는 사람들은 복장이 다 비슷비슷하다. 그래서 겉모습으로는 청년인지 할아버지인지도 잘 알 수 없다. 모두들 차를 한 잔 마시며 쉬게 되었는데 아까 그 60대 남성이 구석에 혼자 앉아 있었다.

난 사람이 소외되는 게 싫다. 과거의 나를 보는 거 같아서이다. 누군가 같은 공간 안에서 외롭게 동떨어져 있는 것을 못 견뎌한다. 가서 말을 시켰다.

"안경이 무척 특이하세요."

분위기를 낯설어하는 사람에게 대화의 주인공이 될 수 있도록 상황을 만들어 주고 싶었다. 누군가와 이야기를 나누다가 맥이 끊긴다 해도 마찬가지이다. 상대방이 흥분해서 떠들 수 있는 소재를 찾아낸다. 찾아낸 것에 한마디 질문만 던져 주면 그다음은 그 사람이 알아서 주인공 자리를 차지한다.

열정적으로 답하고 설명하는 그 주변에 사람이 모여들어 서로 호감을 표해 나간다. 상대방이 좋아서 놀 수 있게 돗자리만 깔아주면 더 이상 내가 끼어들지 않아도 된다.

그에게는 그 소재가 안경이었다. 척 보니 애정을 들인 아이템이라는 것을 느낄 수 있었다. 눈에 띈다는 것은 본인이 관심을 갖고 거기에 힘을 줬다는 뜻이다. 모임에서 누가 어디에 약간 힘을 주고 나왔다 싶으면 확성기처럼 크게 떠들어 준다. 힘을 준 것은 알아봐 달라고, 관심을 주라는 신호라는 걸 아니까. 그러다 보니 나는 사람들의 자랑거리를 떠들어 주는 사람이 되어 있었다.

누군가 나타나면 일단 쫙 스캔한다. 팔찌가 유난히 크고 여러 겹인 사람이 있으면 "오~ 오늘은 팔찌에 힘을 주셨군." 한마디만 해주면 된다. 그러면 "나 이거 저번에 비상금 다 털어서 하나 샀잖아."로 시작해 줄줄 말한다.

그 사람을 주인공으로 만들어 주자. 자랑하고 싶어서 나왔는데 자랑할 수 있게 해주는 게 맞다. 그는 거기에 마음을 쏟은 것이고 나는 그 마음을 알아봐 주는 것이다. 이보다 좋은 관심이 어디에 있겠나. 그 사람은 그때부터 나를 자신의 울타리 안에 들여놓는다. 마찬가지로 나의 울타리에도 그 사람이

들어오게 된다.

안경이 멋있었던 그는 내가 칭찬해 준 그 순간부터 주인 공이 되어서 돌아갔다. 며칠 후 집에 자신의 회사 판촉물이라 면서 텀블러를 비롯해 물건을 한 꾸러미를 보내왔다. 로고를 보고 깜짝 놀랐다. 비싼 패딩을 파는 회사의 CEO였다. 의도한 것도 아닌데 나는 생각지도 못한 사회 친구를 얻은 셈이다. 그 저 안경이 내 눈에 들어왔고 이야기를 꺼내줬을 뿐인데.

칭찬도 가려서 하기

칭찬이 중요한 것은 알아도 제대로 칭찬하기는 어렵다고 말한다. 나는 칭찬하되 상대를 제대로 이해하지 못하고 칭찬할 바에야 하지 말자는 주의다. 처음 사람을 만나서 칭찬거리를 찾았는데 이게 오판이면 분 위기가 급랭한다. 예를 들어 어떤 사람 코가 너무 복스럽게 잘 생겼다 싶어서 '어머, 코가 복코세요.' 했는데 알고 보니 그 사 람의 콤플렉스였다면 어떡하겠는가.

앞에서 말했듯이 한 사람을 주인공으로 만들어 주고 좀 친해진 다음에 칭찬할 소재를 찾는 게 올바른 칭찬법이 아닐까. 잘 알지도 못하면서 함부로 칭찬했다가는 상대가 가식적으로 느낄 수 있다.

그리고 관점에 따라서 생각이 다를 수 있는 칭찬을 하면 반대 효과가 나타난다. 우리는 쉽게 외모에서 칭찬거리를 찾는다. 요즘 10대들은 예쁘다는 말도 외모 평가로 치면서 싫어한다고 한다. 우리 때는 예쁘다는 말이 최고의 칭찬이었다.

굉장히 마른 사람이 있다. 다이어트 한 번 안 해 본 사람이 없는 시대이다.

"말라서 너무 좋겠어요. 나는 마른 몸을 가지는 게 소원인데."

칭찬이랍시고 건넨 말인데 너무 말라서 글래머러스한 몸을 부러워하는 사람이었다면? 친해져 보지도 못하고 관계가 끝난다. 마음의 문은 거기서 닫힌다. 다시 열고 들어가기까지는 또 많은 시간과 노력을 들여야 한다.

인간관계가 어려운 것은 역지사지가 잘 안 되기 때문이다. 일단 상대방의 입장에서 생각해 보고 칭찬할 요소를 찾아보자. 어떤 고리타분한 말보다 진짜 상대가 원하는 게 뭔지를 찾아내는 게 관건이다.

우리가 살아가는 일의 대부분은 돈을 버는 일이다. 돈을 벌려면 사람의 마음을 얻어야 한다. 장사를 하든 강의를 하든 마음을 얻어야 성공할 수 있는 법. 마음을 얻는 것은 누구도 부인할 수 없는 기분 좋은 칭찬에서 시작된다. 그러나 섣불리 나의 관점에서 칭찬은 하지 말자.

알아주는 칭찬

외모에 대해서는 평가와 칭찬이 헷갈린다. 칭찬이랍시고 했는데 평가 받는 기분이 들면 안 된다. "헤어스타일이 잘 어울리세요." 보다는 "머리를 새로 하셨나봐요?"라고 하면 평가는 아니되 내가 당신에게 관심이 있고 다가가고 싶어요라는 신호를 주는 것이다.

위로하는 칭찬

한 문장으로 위로와 칭찬을 동시에 할 수 있다. 예를 들어 하루 1만보를 못하는 사람이 있다 해도 "벌써 6천보나 걸었어? 대단하네."라고 말해주면 1만보를 걷지 못한 실패에 대한 위로와 6천보나 걸은 결과에 대한 칭찬이 동시에 이뤄진다.

구체적인 칭찬

잘했네, 좋다, 고마워 등등 단답형으로 할 말 앞에 수식어를 하나씩 붙인다. 약속시간에 딱 맞춰 온 사람이 있다면 "어쩜 이렇게 시간을 딱 맞출 수 있어, 잘했네."라고 구체적으로 말해준다.

실타래를
동앗줄로 만들기

　　　　　　　　　　새벽 한 시 정도 모임을 파하고 대리운전을 불렀다. 약간의 취기도 있었지만 대리운전 기사와 어색하게 집까지 가는 게 불편해서 슬쩍 말을 붙였다.

"늦게까지 일하시네요?"

운만 띄웠더니 더 이상 뭐라고 말을 걸지 않아도 될 만큼 이야기를 쭉 이어나갔다. 자식은 다 키웠는데 손자가 유학을 갔고, 늙으면 초저녁 잠이 많은데 한숨 자고 일어나면 아침까지 말똥말똥해서 한두 시간 운전하고 들어가면 잠이 잘 오고, 이렇게 번 돈을 모아서 생활비로 쓰기도 하고 손자 용돈도 보내준다고 짧은 시간에 그 집 가정사를 훤히 알 정도로 이야기를 쏟아놓았다.

이렇게 그 사람이 중요하게 생각하는 인생의 한 부분을 거미줄 뽑듯이 한 끄트머리만 딱 뽑아내면 무한하게 줄줄 이어져 나온다.

"대단하세요."

한마디 더 보탰더니 벌 수 있을 때 벌어야 하고, 일하는 게 얼마나 즐거운지, 아내를 얼마나 아끼는지 또 술술 풀어놓았다.

　호기심 있게 쳐다보는 사람한테 어떻게 웃음이 안 날 수가 있겠는가. 사탕을 손에 쥔 어린아이처럼 눈을 반짝거리면서 쳐다보는데 누가 설레지 않고 신나지 않을 수 있겠는가. 신나서 이야기를 꺼내는 만큼 거리감은 좁혀지기 마련이다.

　자기 연민이 없는 사람은 거의 없다. 누구나 지금까지 살아온 인생을 긍정하고 자기를 위로하고 싶어 한다. 기분에 따라 상황에 따라 좌우되는 것이 아니라 언제나 자기 자신을 위로할 수 있는 힘이 자기 연민이다. 여기에 타인이 자신을 인정해 준다면 그 효과는 배가 된다. 마음의 실타래는 바로 자기 연민에 있다. 툭 던져진 한마디인데 그 속에서 인정받는 느낌이 들면 대부분 긍정적으로 대화를 이어가려 한다.

　실타래가 한 줄 풀리고 두 줄 풀리고 서로 꼬아지면 그게 동아줄이 되고 관계를 튼튼하게 엮어주는 매개체가 된다. 사람을 내 울타리에 들어오게 하는 데 큰 작전이나 치밀한 기술이 존재하는 게 아니다. 있는 그대로 인정해 주고 자신을 풀어놓을 수 있게 지켜봐 주는 따뜻한 마음이 있으면 된다.

　지켜보는 것이 쉬운 것 같지만 의외로 잘 되지 않는다. 지켜보기만 하는 게 아니라 간섭하고 평가하고 이끌려고 하기 때문이다. 사람이 내 주변에 잘 안 모인다는 생각이 든다면 한 번쯤 자신의 태도를 점검해 보자.

들어주기만 하는 게 아니라 혹시 해결책을 제시하려 했던 건 아닌지. 지켜보기만 하는 게 아니라 참견하고 잔소리를 늘어놓은 것은 아닌지. 마지막에 꼭 그래서 누가 잘못한 거라는 결론을 내려고 했던 것은 아닌지. 우리가 무심결에 내뱉는 많은 말실수의 흔한 유형들이다.

누군가 나에게 다가오고 있는데 말로는 편한 사람처럼 굴어놓고 함부로 이것저것 평가하면서 울타리를 치는 우를 범하지는 말자. 마음의 실타래는 잘 뽑아 놓았는데 엮지 못하고 놓치고 말 테니까.

수다는 약이다

10대들은 말한다. "엄마, 그냥 들어만 주라고. 문제를 해결해달라는 게 아니라고." 절대 공감을 원하는 사람에게 수다만큼 큰 선물은 없다. 같이 앉아서 맞장구쳐주면서 들어주자. 듣는 척이 아니라 열심히 내 일인 것처럼 느끼고 들어줘야 한다.

공부를 많이 하라

처음 사람을 만나기 위해서는 공동의 배움만큼 든든한 게 없다. 메이크업이 되었든 독서가 되었든 다른 사람과 함께할 수 있는 공부를 찾아라. 한 사람의 인생은 훌륭한 책과 같다. 사람들 속에서 무엇이든 함께 배울 수 있는 곳이라면 비단 커리큘럼만이 아닌 사람공부까지 겸할 수 있다.

우쭐함을 버려라

길 가는 어린아이에게도 배울 것이 있다고 했다. 나는 이만한 지위를 누리고 있으니 이 정도 수준의 사람과 사귀어야 한다는 생각이 없어야 많은 관계의 문이 열린다. 함께할 사람이 나타나고 겪어야 할 사건이 일어나고 다채로운 변화를 맞이하게 된다.

호기심을 가져라

지금까지는 익숙한 것에서 편한 기분을 느꼈다면 지금부터는 안 익숙한 것, 해보지 못한 시도들을 하라. 호기심이 없는 성격이어도 사소한 관심을 가지고 해본다. 질문이 많아질 것이고 답을 주는 스승이 생길 것이다.

주변에 관심을 가져라

관심을 보이는 것은 인간적인 사람으로서의 면모를 보이는 일이다. 카네기의 인간관계론도 결론은 하나이다. 자기 주변에 관심을 가지라는 것. 관심은 부메랑이 되어 돌아오고 변화와 성장의 주춧돌이 될 것이다.

스며들기 전략

내면이 단단한 사람일수록 타인과 손발을 맞출 때 절정의 실력을 발휘한다. 지금까지 자아에 집중할 수 있는 수많은 이야기를 한 것도 사실은 자기를 단단하게 만든 다음에 무엇을 할 것인지 생각해 보자는 의도였다.

새로운 직장을 구하거나 새로운 모임에 가입했을 때 낯설고 어색한 시간이 어느 정도 흐르고 나면 대개 그 문화가 눈에 보이기 시작한다. 진취적이고 도발적인 개인을 잘 받아주는 조직이 있는가 하면 룰을 잘 따르고 협력하는 사람을 선호하는 무리도 있다. 이때 우리는 어떤 스탠스를 취해야 할까.

대기업이나 동네 문화센터 모임이나 다 똑같다. 처음부터 튀는 사람을 좋아하지는 않는다는 것.

잘 적응하기 위해서는 우선 명심할 것이 있다.

먼저 따라주기.

인생의 모든 과정은 독립의 연속이다. 태어나서 걷고 뛰고 말하고 학교 다니고 스무 살이 되어 부모의 양육으로부터 벗어나기까지 수없는 독립 과정을 거친다. 독립의 역사를 통해 성장한 인간은 어떤 새로운 무리에 속할 때 자신만의 고유한 품성을 지키려고 애쓴다. 지극히 당연하다. 그러다 보니 자신을 드러내기에 급급하거나 방어적이 되거나 극단적으로 대처하기 쉽다. 이 양 극단에서 우리가 할 수 있는 것은 자연스럽게 침투하기 혹은 스며들기 전략이다.

개그우먼 장도연이 선배 이경규에게 자신은 예능 캐릭터가 안 잡혀서 어떡해야 할지 모르겠다고 고민을 토로한 적이 있었다. 선배는 한마디로 "너의 캐릭터는 티키타카야."라고 했다. 그녀는 누구하고도 티키타카가 되는 사람이니 예능 프로그램에 나와서 19금 캐릭터 같은 건 하지 말라고 충고하면서 유일하게 한국에서 오프라 윈프리가 될 수 있는 사람이라는 말도 덧붙였다.

여기서 두 가지 의미를 찾아낼 수 있다. 하나는 우리가 꼭 주인공일 필요가 있냐는 것이다. 찾아보면 자기 역할이 분명 있다. 에너지를 밝게 불어넣는 유머를 담당할 수도 있고, 사람들이 편안하게 머물다 가도록 준비하는 그림자 역할도 있다. 모두 필요한 존재인데 어떤 역할이 더 중요하다고 할 수 없다. 하지만 우리 모두 응원과 관심을 받아오면서 성장해 온 결과, 주인공 자리만 쳐다보는 게 아닐까? 자극적인 소재로 사람들을 불러 모으는 예능 토크쇼에서 자기 캐릭터를 고민하는 것은 우리의 고민과 별반 다르지 않다. 장도연처럼 모두가 스며들 수 있는 역할도 반드시 필요하다.

또 하나는 캐릭터를 고민하지 말고 다른 캐릭터가 살아날 수 있게 끌어주는 역할을 하라는 의미이다. 오프라 윈프리를 세계적으로 영향력 있는 인사로 만든 건 오프라 윈프리 쇼였다. 그 쇼가 성공할 수 있었던 것은 공격하고 캐묻는 수많은 토크쇼의 전형을 깨고 출연자들이 아무에게도 말하지 못한 이야기를 술술 털어놓을 수 있도록 친숙한 분위기를 만들었기 때문이다. 14세 어린 나이에 미혼모가 되고 19세에 아르바이트로 방송 일에 뛰어들기 전까지 오프라 윈프리는 또 얼마나 힘들고 괴로운 시간을 보냈겠는가. 그 경험에서 우러나오는 공감능력이 타인으로 하여금 마음을 열게 만든 원동력이 되었을 것이다.

그 역할을 할 수 있다고 지금 장도연에게 대선배가 말하고 있지 않은가. 그녀가 사람을 대하는 평소 태도나 공감능력을 알기 때문에 그런 말을 했을 것이다.

우리 사회는 종잡을 수 없을 정도로 다변화하고 있는 중이다. 혼자서 하는 일이 세분화되고 다양화될수록 협업의 중요성도 그만큼 커져 갈 것이다. 종잡을 수 없을수록 쿠션이 든든하면 안심이다. 쿠션 같은 사람은 점점 귀해지고 있다.

어떤 조직에 속하든 먼저 그 조직에 스며드는 것이 먼저이다. 공동 목표를 세우고 하나의 지점을 향해 나아가는 사람들에게 필요한 것은 서로를 받아들일 마음 자세와 열린 태도이다. 마음 자세는 되어 있으나 행동하는 법을 모르면 조직이 가르쳐 주면 된다. 태도는 열려 있으나 아직 동기부여가 안 된 사람은 여럿이 함께 목표를 일깨우면 된다. 그런데 이 두 가지가 전혀 안 되는 사람이라면 아무리 팔을 걷어붙이고 바꾸려 해도 소용이 없다.

자기 의견이 관철이 안 되면 떼를 쓰거나 그 자리를 박차고 나가는 사람을 본 적 있을 것이다. 공동의 목표는 있었으나 타인의 의견을 받아들일 의지가 없었던 것이다. 우리가 필요로 하는 사람은 공동의 목표를 살려내는 사람이지 판을 깨는 사람이 아니다.

우리에게 현실적으로 매우 필요한 살아가는 생존 기술이 바로 스며들기 전략이다.

키맨 전략

인생을 평화롭고 수월하게 살아가는 사람들을 잘 관찰해 보면 주변에 특별한 사람이 존재한다. 항상 지지해 주고, 열정을 인정하고 때로는 필요한 도움을 주는 존재가 옆을 든든하게 지키고 있다.

반대로 뛰어난 능력을 갖고 있는데도 능력만큼 인정받지 못하고 항상 아쉬운 결과를 받아드는 사람을 보면 주변에 좋은 사람이 없다. 사실 자기 일을 똑 부러지게 잘하는 사람이 성공할 것 같지만 성공은 늘 인기맨에게 돌아간다.

해답은 간단하다. 내가 인기맨이 되면 된다. 팔이 안으로 굽는다고, 좋아하는 사람이 내는 아이디어는 다소 부족해도 잘 손질하면 살릴 수 있을 거라고 좋게 봐준다. 반대로 늘 일 잘하고 바른 말만 하는 사람이 내는 아이디어는 완벽하지 않으면 쳐다보지도 않는다. 받아들이는 태도가 무척 다르다.

노력한다고 해서 하루아침에 인기맨이 되기는 힘들다. 경청하는 기술을 익히고, 상대의 속도에 함께 손발을 맞추고, 주위와 조화롭게 지내는 태도를 갖추는 건 오랜 시간 숙성을 거쳐야 한다.

이때 필요한 사람이 키맨이다. 내가 조금 더 성숙하고 지혜를 나눠주는 사람이 되기 전까지 나에게 그 자양분을 나눠줄 사람. 그리고 다른 사람에게도 지혜를 나눠주고 자신의 시간과 노력을 내어주는 사람. 그런 사람을 곁에 두는 것도 방법이다. 자신이 해결하지 못하는 문제를 안고 있다면 같이 해결할 인프라를 갖추는 것도 하나의 대안이 될 수 있다는 뜻이다.

우리는 누구나 훌륭한 사람이 되고 싶고 주변에서 필요로 하는 사람이 되고 싶어 한다. 양쪽 경우에 다 해당하지 않는다면 빨리 스탠스를 바꿔야 할 일이다. 도움을 받을 수도 없고 도와줄 마음도 없는 사람에게 성공은 머나먼 정글을 홀로 떠도는 위험하고 외로운 모험이다.

키맨은 잘난 사람이 아니다. 사람들이 필요로 하는 게 뭔지 잘 아는 사람이다. 현자와 비슷하다. 난관에 부딪혔을 때, 인터넷 검색이 아닌 실제 경험으로서의 조언이 필요할 때 전화해서 물어보는 사람이 있는가? 그 사람이 키맨이다. 언제든 연락하면 해결의 실마리가 보이는 사람 말이다.

그는 사람과 사람을 연결하는 브릿지 역할도 겸한다. 니즈를 정확하고 빠르게 파악해서 나눠주는 역할이다. 당연히 문제해결 능력도 있어야 하고 마음에 온정도 있어야 한다.

사람에게는 보통 때는 좀처럼 밖으로 나오지 않는 여분의 에너지가 비축되어 있다. 언제 폭발하지 모르는 물질이 아주 깊숙이 층층이 쌓여 있다. 그곳까지 깊숙이 내려가서 탐색하는 사람은 누구나 그 에너지를 사용할 수 있다.

미국 심리학의 거장 윌리엄 제임스William James의 말이다. 이는 자기 안에 들어 있는 잠재력을 설명하는 말이지만 한 걸음 더 나아가면 주변 사람들 혹은 어떤 그룹이나 소사이어티 안에 잠재된 에너지를 발견하라는 말이기도 하다.

연말이면 거의 대부분의 회사에서 직원들을 위한 파티나

조촐한 시상식을 개최한다. 이런 자리에 참석할 때마다 느끼는 것은 실적이 좋은 사람에게는 늘 그를 지지하고 도움을 주는 키맨이 있다는 것이다.

한 화장품 회사에서 주최하는 연말 파티에 참석해서 나의 강연 순서를 기다리고 있었다. '올해의 우수사원'에 이례적으로 입사한 지 1년밖에 안 된 신입사원이 뽑혔다.

"저는 몇 달 전까지만 해도 매일 아침 퇴사를 고민하면서 출근했습니다. 아침마다 부장님이 비싼 아메리카노를 사주셨어요. 이 회사에서 제 미래가 없다고 생각하고 조용히 도망갈 궁리를 하는 동안 저보다 더 저를 믿고 응원하고 계셨던 것 같습니다. 오늘 이 상을 받을 수 있었던 것은 부장님 덕분입니다. 앞으로도 더욱 열심히 하겠습니다."

짤막한 소감을 들으며 나도 그 부장님이 누군지 두리번거리며 찾게 되었다. 메리케이나 뉴스킨 같은 여성 전문 기업에서 이런 사례는 흔하게 발견된다. 그 어떤 조직보다 여성의 공감능력과 소통력, 연대능력이 탁월하게 절실하게 필요하기 때문이다.

안타깝게도 자기만 잘난 사람에게는 키맨이 없다. 처음 한두 번은 키맨 역할도 하고 키맨의 도움도 받을 것이다. 그러나 인맥관리나 어장관리 같은 느낌으로 키맨을 할 수 있는 게 아니다. 사람에 대한 정성과 감사하는 마음이 없으면 하기 힘든 일이다.

사람은 유리잔에 담긴 물과 같아서 빨간 물감을 떨어뜨리면 빨갛게 변하고 노란 물감을 떨어뜨리면 노랗게 변한다. 서로 물든다. 이건 감출 수가 없다. 우리는 누구나 서로 이용한다. 이용하는 게 나쁜 게 아니다. 사람을 이용하고 휴지조각처럼 버리는 게 나쁜 거다.

이용해 먹기 좋은 사람이되 감사를 잊지 않는 고귀한 사람이 되었으면 좋겠다. 서로에게 요긴한 존재로 쓰였으면 그것에 대한 감사를 잊지 않으면 된다. 서로가 서로에게 키맨이 되는 것은 좋은 일이다.

파티는 사람을 모으는 신선한 전략

나는 파티를 무척 좋아한다. 일단 생각만 해도 즐겁고 신나고 가슴이 뛴다. 일상에 큰 쉼표를 툭 찍는 기분이다. 보기 좋고 몸에도 좋은 음식을 준비하고, 사람들에게 연락하고, 드레스 코드를 맞춰 준비하는 그 과정이 너무 행복하다.

크고 작은 규모를 따지지 않고 둘만 만나도 파티로 만들고 싶다. 향초 하나만 켜두고 꽃 한 송이 꽂고 차나 커피, 와인 같은 음료를 준비하면 끝이다. 하나하나가 다 그 시간 그 상황에 맞춤한 분위기를 만들어 준다.

파티를 좋아하는 이유는 또 하나 있다. 늘 보던 사람 말고 새로운 사람을 만날 기회가 되기 때문이다. 초대된 사람들이 누구 한 사람 데려가도 되냐고 물으면 무조건 감사하다.

쓸쓸한 소리이긴 한데, 30대를 지나 40대에 접어들면 새로운 사람을 만날 기회가 급격히 줄어든다. 직장을 옮기기에는 여의치 않은 중간관리자 나이이고, 결혼을 하지 않은 이상 새로운 인연을 소개받거나 해주기에도 부담스러운 나이이다. 점점 은퇴가 빨라지다 보니 은퇴 준비를 해야 할 시기처럼 느껴진다. 좋게 말하면 안정기에 접어드는 것이고 나쁘게 말하면 더 이상 새로울 것이 없는 나이가 40대이다.

그래서 파티라는 매개체를 통해 좀 더 적극적으로 사람을 만날 수 있다는 매력을 느끼는 것 같다. 이렇게 말하면 많은 분들이 내가 무슨 파티에 환장한 사람이라고 생각할지도 모르겠다. 왜냐하면 파티는 우리 생활 속에 자연스럽게 녹아든 문화는 아니니까.

아직은 많은 사람들이 파티에 대해서 양가적 감정을 가진다. 경험하지 못한 화려한 분위기, 참석하면 혼자 겉돌 것 같은 느낌, 하지만 초대받으면 설레면서 호기심이 생기는 것. 이런 감정이 복합적으로 작용해서 파티는 현실과 동떨어진 것이라고 느끼는 것 같다. 결혼식이나 돌잔치와는 전혀 다르게 받아들인다.

"파티할 테니까 올래?" 하면 대개 쭈뼛거리며 자기가 참석해도 되냐고 되묻는다. 이제까지 경험해 본 행사와는 분위기가 많이 다를 거라고 생각한다. 물론 분명 차이는 있다.

기존에 우리가 참석하던 행사나 모임은 서로 친목을 다지는 정도에서 그쳤다면 파티는 훨씬 더 목적 지향적이다. 파티에서는 잘 모르는 사람끼리 만나 서로 알게 되고 정보를 교환하는 측면이 많은데, 우리나라 행사는 대부분 알고 있는 사람들끼리 잘 먹고 노는 것, 말 그대로 친목을 다지는 데서 그친다.

한국형 파티인 잔치야말로 친지간 친목 도모나 축하할 일이 있을 때 열리는 식사자리이다. 아는 사람끼리 모이기 때문에 누구를 소개하거나 자신이 어디에 있어야 할지 몰라서 두리번거릴 필요가 없다. 이런 행사에 익숙해 있는데 갑자기 파티라고 하면 엄청 쑥스러워한다. 낯선 사람과 만나고 인사한다는 정도는 아니까.

파티 하면 떠오르는 나라 미국과 비교하면 그 차이는 더욱 뚜렷해진다. 미국은 개척을 통해 발전해 온 나라이다. 초창기 미국 개척 역사를 보면 미국인들이 얼마나 진취적이고 적극적으로 살아왔는지 짐작할 수 있다. 그들은 적극적으로 자신이 필요한 것을 찾아 나선다. 종교의 자유를 위해 이주했고, 땅을 개척하고 학교를 세우며 새로운 땅에 정착했다.

이들의 파티 문화는 한국과는 확연히 다르다. 목적이 매우 뚜렷하다. 이사했을 때, 새로운 사람을 사귈 때, 학교에 들어갈 때, 교회를 옮겼을 때, 승진했을 때, 제품을 소개할 때 등등 무수히 많은 이유로 파티를 열고 손님을 초대한다. 모르는 사람일수록 더 열심히 파티에 초대하고 참석한다. 영화에서도 파티에서 외롭게 동떨어진 두 남녀가 서로 통성명하면서 호감을 표하는 장면은 매우 흔하다. 미국인들은 인간관계도 개척하는 것 같다.

명확한 것은 이런 서양 파티 문화가 우리나라에 서서히

둥지를 틀고 있다는 것이다. 우리도 더 이상 전통적으로 자기가 태어난 곳에 머물러 살지 않는다. 1인가구와 비혼 세대의 증가로 인맥을 그루핑할 기회가 적어졌다. 새로운 사람들을 끊임없이 만나게 되는 환경에 놓였다. 태어난 곳에서 죽을 때까지 사는 사람은 두메산골이나 섬마을 할머니들 뿐이다. 할아버지들은 잠시 잠깐 바깥구경이라도 해보았지 1900년대 초중반에 태어난 할머니들은 자기가 나고 자라 시집간 곳에서 생을 마감하는 경우가 드물지 않다. 불과 100년도 지나지 않은 사이에 일어난 일이다.

이제 파티는 나와 먼 다른 나라의 요란한 모임이라고 생각하면 안 될 거 같다. 새로운 사람을 만나기에 파티만큼 편안하고 좋은 형식도 드물다고 생각한다. 자연스럽게 새로운 사람을 소개받고 소개하고 서로 연결해 주고 알아 가면 된다. 파티는 열리는 목적이 뚜렷하니까 다 알고 온다는 전제가 있다.

파티는 우리에게 관계를 만들고 관계 속에서 비즈니스를 만들어낼 수 있는 새로운 광맥이 되어줄 것이다. 특히 점점 더 고립되어 가는 온라인 시대에는 이런 대면 접촉을 통한 얼굴 인사가 꼭 필요하다. 더 적극적으로 자기 인맥을 만들고 관리할 필요가 있다. 관계를 개척한다는 말이 나는 무척 마음에 든다. 늘 새로운 세상을 꿈꾸며 살아왔던 나이기에.

"이번 주 우리집에서 티 파티하는데 오실래요?"로 시작해서 "우리 이번 주에 같이 선상 파티 가볼래요?"까지 발전할 수 있지 않은가.

너무 거창하게 모든 걸 화려하게 준비할 필요는 없다. 좋은 기회가 어디에 숨어 있는지 두들기면서 찾아야 할 때에 파티라는 좋은 형식이 우리 곁에 찾아든 것이다.

파티에서
친구를 잘 사귀려면

파티문화가 우리에게 어렵디 어렵게 다가오는 것은 비즈니스와 사교라는 그 목적성 때문인 것 같다. 목적이 있는 파티라고 생각하니 왠지 가면 안 될 것 같고 참석이 부담스러울 수밖에.

나는 그래서 여기에 선행하는 조건을 달았다. 이 모임에 내가 주고 싶고, 만들고 싶고, 공유하고 싶은 에너지가 있을 것. 상대방이 필요로 하는 게 아니라 내가 주고 싶은 것, 만나는 사람의 수준과 능력을 떠나 내가 주고 싶은 에너지를 먼저 꺼내두면 그 파티는 성공하는 것이다. 둘만 만나도 창의적인 결과물이 나올 수도 있고 기운을 서로에게 충전해 줄 수도 있다.

'나와 만나고 가면 뭔가 새로운 에너지를 얻었다는 느낌이 들게 하자.'

이 생각이 나의 파티 목적이다. 일단 만나기로 한 것은 나를 필요로 하거나, 내게 듣고 싶은 이야기가 있거나, 나로부터 얻고자 하는 바가 있다는 뜻이다. 여기를 출발점으로 삼고 나를 먼저 살펴본다. 내가 나를 알지 못하고 어떤 기운을 상대방에게 줄 수 있을까.

그 어떤 조건보다 '나' 그 자체가 중요하다는 조건을 단 것은 자아에 빠진 사람은 다른 사람을 받아줄 수 없기 때문이다. 자아에 빠지면 기껏 이야기 주제는 "과거에 내가 이런 사람이었어." 하는 자랑으로 시작해 밑도 끝도 없이 막을 내린다. 헤어지고 나서는 서로 '왜 만났지?' 라는 생각을 하게 된다.

자아에 빠지면 무척 예민해진다. 전체가 아닌 부분에 집착하게 된다. 스스로를 잘 모른다. 종합하면? 자기 할 말만 하는 사람이 되는 것이다. 그러다 한 단어에 꽂히면 그 단어가 주는 의미를 곱씹느라 눈앞에 있는 모든 것들이 아련하게 멀어져 간다. 상대방을 중요하다고 인식하지 않는다. 지금 그 순간 내가 제일 중요해져 버리니까.

예민한 데다가 부분에 집착하는 사람과 또 만나고 싶을까? 자기를 잘 아는 사람은 자기 자신이다. 파티에 나오기 전에 그날의 나를 잘 정돈해야 한다. 분위기를 장악하는 존재감을 가지려면 나 스스로가 그날 마음에 들어야 한다.

'나는 지금 진실한 마음으로 이 사람을 돕고 있다.'

내게 오는 사람들은 어떤 이유가 있을 것이다. 그것을 미리 알려고 할 필요가 없다. 내가 만든 분위기에 압도되면 자유롭게 이야기도 하고 눈물도 흘리고 화도 냈다가 자기가 진짜로 필요로 하는 걸 이야기하기도 한다. 흔히 말해 동기화되는 것이다. '개떡 같이 말해도 찰떡 같이 알아듣는' 연대감이 생기는 것이다.

이처럼 상대방에게 몰입하기 위해서는 내가 나에게 진실한 것이 우선이다. 진심으로 사람들을 만나는 것이 즐거운가. 그렇지 않았다면 신은영의 파티에 아무도 오지 않았을 것이다.

성공하는 파티 팁

- 파티에 온 사람들이 쭈뼛거리지 않게 주최자 외에 최소 한 사람이라도 아는 사람들을 함께 초대한다. 서로가 스피치 파트너가 되어서 자연스럽게 분위기를 형성할 수 있다.

- 파티에 온 사람이 당황하지 않게 항상 파티 목적을 먼저 이야기해 둔다. 새로운 제품 소개를 하고 싶은 사람도 있고, 이사 와서 이웃을 사귀고 싶은 사람도 있다. 참석자들이 최소 어떤 모임인지는 알고 참석하도록 한다.

- 촬영할 때는 항상 구두로라도 허락을 받아 둔다. 내가 주최한 파티니까 막 찍는 것보다 동의를 구함으로써 대접받는 기분이 들게 하고 나중에 SNS에 올려도 문제가 되지 않는다.

- 되도록 '예', '아니오'의 단답형 대답이 나올 수 있는 이야기는 꺼내지 않는다. "식사하고 오셨어요?"가 아니라 "오늘 점심에 누구와 식사하셨어요?" 식으로 대화가 이어질 수 있게 유도한다.

- 어색할 것 같으면 칭찬과 질문을 동시에 던진다. '그 구두 오늘 드레스코드에 딱이에요.'보다 "그 구두 참 멋지네요. 특별히 신고 온 거예요?"라고 말한다. 대화를 통해 상대가 자신을 더 많이 드러낼 수 있도록 돕는 것이다.

- 모든 것을 기록으로 남긴다. 간단하게라도 분위기, 참석 멤버, 특징, 케이터링 여부 등을 적어둔다. 특히 와인명을 적어두면 좋다. "그때 먹은 와인 그게 뭐예요?" 하고 물어올 때 정확한 도움을 줄 수 있다.

- 처음 온 사람이 다른 사람에게 오늘 파티를 소개하고 싶을 정도로 기분 좋게 돌아가도록 신경 쓴다. 귀가 후 감사 문자로 단체 인사를 나눈다. 세심한 배려가 필요한 사람에게는 개인적인 문자로 관심을 보여주도록 한다.

인간관계 능력을 올리는 질문

1 사람들과 적당한 거리를 유지하기 위해 실천하고 있는 일이 있다면
써 보자.

....

2 내가 타인과 대화할 때 자주 사용하는 화법을 적어 보자.

....

3 가족을 제외하고 누구와 가장 많은 시간을 보내는지 생각해 보자.

....

4 최근 관심사를 주고받는 사람은 누구인지 생각해 보자.

....

5 공백이 있는 지인에게 전화할 때는 도움을 주기 위해서인지 도움을
받기 위해서인지 적어 보자.

....

6 가족이 아닌 직장, 아파트, 지역에서 사적인 관계를 유지하는 사람이 있는가?

....

7 내가 도움을 자주 구하는 사람이 있는가?

....

8 내가 자주 도와주고 있는 사람이 있는가?

....

9 온라인을 비롯해서 커뮤니티 활동을 하고 있는지 적어 보자.

....

10 내가 속한 커뮤니티나 모임, 스터디그룹 등에서 나는 주로 어떤 역할을 담당하고 있는 사람인지 생각해 보자.

....

포스 메이커는 가장 자기답게
살아가는 드림 메이커

___

지식생태학자 **유영만 교수**
《언어를 디자인하라》 저자

우리는 태어나서 죽을 때까지 남들이 정해놓은 행복의 기준에 맞춰 살아간다. 비교 대상이 늘 밖에 있는 다른 사람이다. 시선은 늘 밖으로 향해 있고 살아가는 목적도 불분명하다. 행복과 성공의 기준을 모두 밖(타인)에 맞춰놓고 살아가고 있다는 느낌이다. 그러다 어느 순간부터 이렇게 살아가는 게 과연 옳은 것인지 심각하게 묻는 순간이 찾아온다.

　　포스 메이커 신은영 대표도 그런 사람 중의 한 사람이다. 열심히 공부해서 좋은 대학에 가고 더 열심히 공부해서 사회 생활을 하다 우연한 시기에 결혼도 했다. 가정을 꾸리고 평범한 엄마와 아내로 살면서 나름 행복하게 살아왔다고 생각했다. 그러다 문득, 진정 나를 위한 삶, 내가 누구인지를 찾아가며 의미 있는 삶을 살아왔는지 의문이 들었다. 서른과 마흔을 통과하면서 과연 진정 나답게 살아가는 방법, 나만의 고유한 컬러와 스타일을 찾아가는 삶은 무엇일까, 진지하게 고민하였다. 그렇게 여러 차례 시행착오를 겪다가 끄집어낸 화두가 바로 '포스가 있는 사람이 되는' 거였다.

포스 메이커는 그 누구와도 비교할 수 없는 '색다름'으로 가장 나다운 '자기다움'을 추구하는 사람이다. '자기다움'을 추구할수록 고유한 '아름다움'이 빛나는 이유는 밖으로 향하는 시선을 차단하고 안으로 향하는 시선을 통해 남과 비교하기보다 어제의 나와 비교하기 때문이다. 남과 비교하는 사람은 영원히 불행한 삶을 살면서 비참해질 수밖에 없지만, 어제의 나와 비교하는 사람은 자신의 강점과 재능을 발견하고 개발하면서 비전을 품고 행복한 삶을 꿈꾼다.

포스가 없는 사람은 누군가의 눈치를 보면서 세상 사람들이 이야기하는 기준에 자신을 맞추려고 안간힘을 쓰지만, 포스 메이커는 따뜻한 눈길을 보내면서 자신이 선호하는 기준과 가치관을 추구하면서 자기 방식대로 살아간다.

무엇보다도 포스 메이커는 다른 사람의 눈살을 찌푸리게 하는 엉뚱한 허장성세를 부리지 않고, 과도한 쇼맨십으로 다른 사람의 주목을 끄는 데 별다른 관심이 없다. 포스 메이커의 일차적인 관심은 자신의 삶을 다른 사람이 결정한 기준에 따라 살아야 된다는 인식과 행동을 벗어나는 데 있다. 포스 메이커는 비록 숨길 수 없는 콤플렉스가 있어도 그것을 단점이라고 생각하지 않고 자기다움을 드러낼 수 있는 결정적인 디딤돌로 생각한다. 자신에게 불리하게 다가오는 상황이라도 그 상황에서 취할 수 있는 최선의 대안을 마련하려고 애간장을 태우는 과정에서 자신도 모르게 결정적인 힘이 용솟음친다.

포스 메이커가 만들어가는 인생의 7가지 무지개는 모두가 본받고 삶의 교훈으로 삼아야 할 소중한 미덕이자 실천 덕목이 아닐 수 없다.

첫째, 포스 메이커는 '베이스'가 튼튼한 사람이다. 포스 메이커는 무엇보다도 자기 분야에서 확고한 중심과 정체성을 갖고 기반이 튼실한 '베이스'를 갖춘 사람이다. 포스는 기반이나 기본 없이 나올 수 없는 에너지다. 기반이 없는 포스는 허장성세에 불과하다. 포스는 기본기를 닦은 사람에게서 자신도 모르게 울려 퍼진다.

둘째, 포스 메이커는 '에토스(인품)'가 강한 사람이다. 파토스(감성)와 로고스(이성)를 적절하게 적용하여 타인과 자연스러운 신뢰감을 형성한다. 지속적인 포스 메이킹을 함으로써 한 사람의 스타일과 컬러가 융복합되어 인간적 신뢰가 저절로 생기는 믿음의 산물이 된다.

셋째, 포스 메이커는 '플러스' 발상으로 긍정적인 마인드를 갖고 살아가는 사람이다. 포스 메이커는 '마이너스' 발상을 하기보다 '플러스' 발상을 하는 사람이다. 극단적인 상황에서도 긍정적인 마인드로 세상을 낙관적으로 바라보는 관점의 소유자다. 포스가 있는 사람은 살아가면서 경험하는 모든 측면을 경험적 교훈을 얻는 원료라고 생각하기에 그 어떤 경험도 헛되게 낭비하지 않는다.

넷째, 포스 메이커는 '캔버스'를 지니고 살아가는 사람이다. 포스 메이커는 자기 특유의 삶을 자기만의 방식으로 그림을 그리는 '캔버스'를 갖고 있는 사람이다. 언제나 자기답게 살아가는 삶을 위대한 예술작품으로 그릴 수 있는 캔버스를 갖고 다닌다. 언제 어디서나 영감이 떠오를 때마다 흔적을 축적해서 기적을 창조하는 사람이 바로 포스 메이커다.

다섯째, 포스 메이커는 복잡한 세상을 자기만의 관점으로 꿰뚫어 관찰하면서 혼돈 속에서 질서를 찾아내는 '코스모스'의 시선을 지닌 사람이다. 포스가 풍기는 사람은 힘든 곤경에서도 아름다운 풍경을 그려내는 역전의 명수다. 비온 뒤에 무지개를 볼 수 있듯 역경을 뒤집어 경력으로 만드는 탁월한 경쟁력을 몸으로 배운 사람이다.

여섯째, 포스 메이커는 어떤 상황에서든 '클라이막스'의 경험을 연출하는 사람이다. 어떤 일이 주어져도 함께 일하는 사람들에게 감동의 절정을 선물하는 '클라이막스'의 연출자인 것이다.

일곱째, 포스 메이커는 '코러스' 연출자다. 자기 방식을 일방적으로 주장하는 사람이 아니라 다른 사람과의 아름다운 하모니의 결정체, '코러스'를 연출할 수 있는 사람이다. 포스가 있다고 다른 사람에게 피해를 주면서까지 자기 방식을 고수한다면 포스는 엄청난 폭력으로 둔갑할 수 있다. 포스의 궁극적 골인 지점은 다른 사람과 더불어 행복한 공동체를 구축하는 에너지로 사용되는 지점이다.

이렇게 살아가는 게 맞는 삶인지 회의가 드는 사람, 어느 날 갑자기 내가 누구인지 궁금해지는 사람, 누군가 정해 놓은 삶을 열심히 쫓아가다 낙오자가 된 기분이 드는 사람, 진정 나답게 살아가는 삶이 궁금한 사람, 자기만의 고유한 컬러와 스타일을 찾아 가장 아름다운 삶을 추구하고 싶은 사람에게 포스 메이커 신은영 대표의 책은 어둠이 깔린 암흑의 바다에서 등대 같은 역할을 할 것이다. 자기 인생에서 흔적을 축적해서 기적을 이루고 싶은 모든 사람에게 신은영 대표가 전하는 파란만장한 체험적 고백은 자기 꿈을 어떻게 실현할 것인지를 알려주는 드림 메이커 역할을 할 것이며, 인생의 위기 때마다 참고해서 방향을 잡게 만들어 주는 밤하늘의 북두칠성과 같은 책이 될 것으로 믿어 의심치 않는다.

멋지고 당당한 여성으로 새로운 인생을 여는 법

포스 메이킹

2022년 12월 30일 초판 1쇄 발행
2023년 1월 12일 초판 7쇄 발행

지은이 신은영

펴낸이 박시형, 최세현 **편집인** 박숙정
기획편집 최현정, 정선우 **디자인** 전성연
마케팅 양근모, 권금숙, 양봉호, 이주형 **온라인마케팅** 신하은, 정문희, 현나래
디지털콘텐츠 김명래, 최은정, 김혜정 **해외기획** 우정민, 배혜림
경영지원 홍성택, 이진영, 김현우, 강신우
펴낸곳 쌤앤파커스 **출판신고** 2006년 9월 25일 제406-2006-000210호
주소 서울시 마포구 월드컵북로 396 누리꿈스퀘어 비즈니스타워 18층
전화 02-6712-9800 **팩스** 02-6712-9810 **이메일** info@smpk.kr

ⓒ 신은영 (저작권자와 맺은 특약에 따라 검인을 생략합니다)
ISBN 979-11-6534-656-0 (03810)

쌤앤파커스(Sam&Parkers)는 독자 여러분의 책에 관한 아이디어와 원고 투고를 설레는 마음으로 기다리고 있습니다.
책으로 엮기를 원하는 아이디어가 있으신 분은 이메일 book@smpk.kr로 간단한 개요와 취지, 연락처 등을 보내주세요.
머뭇거리지 말고 문을 두드리세요. 길이 열립니다.